BEI GRIN MACHT SICH IHR WISSEN BEZAHLT

- Wir veröffentlichen Ihre Hausarbeit, Bachelor- und Masterarbeit

- Ihr eigenes eBook und Buch - weltweit in allen wichtigen Shops

- Verdienen Sie an jedem Verkauf

Jetzt bei www.GRIN.com hochladen und kostenlos publizieren

Bibliografische Information der Deutschen Nationalbibliothek:

Die Deutsche Bibliothek verzeichnet diese Publikation in der Deutschen National-
bibliografie; detaillierte bibliografische Daten sind im Internet über http://dnb.d-
nb.de/ abrufbar.

Impressum:

Copyright © 2010 GRIN Verlag, Open Publishing GmbH
Druck und Bindung: Books on Demand GmbH, Norderstedt Germany
ISBN: 9783640579075

Dieses Buch bei GRIN:

http://www.grin.com/de/e-book/144575/die-argonautensage

Gustav Schwab

Die Argonautensage

GRIN Verlag

GRIN - Your knowledge has value

Der GRIN Verlag publiziert seit 1998 wissenschaftliche Arbeiten von Studenten, Hochschullehrern und anderen Akademikern als eBook und gedrucktes Buch. Die Verlagswebsite www.grin.com ist die ideale Plattform zur Veröffentlichung von Hausarbeiten, Abschlussarbeiten, wissenschaftlichen Aufsätzen, Dissertationen und Fachbüchern.

Besuchen Sie uns im Internet:

http://www.grin.com/

http://www.facebook.com/grincom

http://www.twitter.com/grin_com

Gustav Schwab (1782-1850)

Die Argonautensage

Inhalt

Iason und Pelias

Von Aison, dem Sohne des Kretheus, stammte Iason ab. Sein Großvater hatte in einer Bucht des Landes Thessalien die Stadt und das Königreich Iolkos gegründet und dasselbe seinem Sohne Aison hinterlassen. Aber der jüngere Sohn, Pelias, bemächtigte sich des Thrones; Aison starb, und Iason, sein Kind, war zu Chiron dem Zentauren, dem Erzieher vieler großer Helden, geflüchtet worden, wo er in guter Heldenzucht aufwuchs. Als Pelias schon alt war, wurde er durch einen dunkeln Orakelspruch geängstigt, welcher ihn warnte, er solle sich vor dem Einschuhigen hüten. Pelias grübelte vergeblich über dem Sinne dieses Worts, als Iason, der jetzt zwanzig Jahre den Unterricht und die Erziehung des Chiron genossen hatte, sich heimlich aufmachte, nach Iolkos in seine Heimat zu wandern und das Thronrecht seines Geschlechtes gegen Pelias zu behaupten. Nach Art der alten Helden war er mit zwei Speeren, dem einen zum Werfen, dem andern zum Stoßen, ausgerüstet; er trug ein Reisekleid und darüber die Haut von einem Panther, den er erwürgt hatte; sein unbeschorenes Haar hing lang über die Schultern herab. Unterwegs kam er an einen breiten Fluß, an dem er eine alte Frau stehen sah, die ihn flehentlich bat, ihr über den Strom zu helfen. Es war die Göttermutter Hera, die Feindin des Königes Pelias. Iason erkannte sie in ihrer Verwandlung nicht, er nahm sie mitleidig auf die Arme und watete mit ihr durch den Fluß.

Auf diesem Wege blieb ihm der eine Schuh im Schlamme stecken. Dennoch wanderte er weiter und kam zu Iolkos an, als sein Oheim Pelias gerade mitten unter dem Volke auf dem Marktplatze der Stadt dem Meeresgotte Poseidon ein feierliches Opfer brachte. Alles Volk verwunderte sich über seine Schönheit und seinen majestätischen Wuchs. Sie meinten, Apollo oder Ares sei plötzlich in ihre Mitte getreten. Jetzt fielen auch die Blicke des opfernden Königes auf den Fremdling, und mit Entsetzen bemerkte er, daß nur der eine Fuß desselben beschuhet sei. Als die heilige Handlung vorüber war, trat er dem Ankömmling entgegen und fragte ihn mit verheimlichter Bestürzung nach seinem Namen und seiner Heimat. Iason antwortete mutig, doch sanft: er sei Aisons Sohn, sei in Chirons Höhle erzogen worden und komme jetzt, das Haus seines Vaters zu schauen. Der kluge Pelias empfing ihn auf diese Mitteilung freundlich und ohne seinen Schrecken merken zu lassen. Er ließ ihn überall im Palaste herumführen, und Iason weidete seine Augen mit Sehnsucht an dieser ersten Wohnstätte seiner Jugend. Fünf Tage lang feierte er hierauf das Wiedersehen mit seinen Vettern und Verwandten in fröhlichen Festen. Am sechsten Tage verließen sie die Zelte, die für die Gäste aufgeschlagen waren, und traten miteinander vor den König Pelias. Sanft und bescheiden sprach Iason zu seinem Oheim: »Du weißt, o König, daß ich der Sohn des rechtmäßigen Königes bin und alles , was du besitzest, mein Eigentum ist. Dennoch lasse ich dir die Schaf- und Rinderherden und alles Feld, das du meinen Eltern entrissen hast; ich verlange nichts von dir zurück als den Königzepter und den Thron, auf welchem einst mein Vater saß.« Pelias war in seinem Geiste schnell besonnen. Er erwiderte freundlich: »Ich bin willig, deine Forderung zu erfüllen, dafür sollst aber auch du mir eine Bitte gewähren und eine Tat für mich ausrichten, die deiner Jugend wohl ansteht und deren mein Greisenalter nicht mehr fähig ist. Denn mir erscheint seit lange in nächtlichen Träumen der Schatten des Phrixos und verlangt von mir, ich solle seine Seele zufriedenstellen, nach Kolchis zum Könige Aietes reisen und von da seine Gebeine und das Vlies des goldenen Widders zurückholen. Den Ruhm dieser Unternehmung habe ich dir zugedacht. Wenn du mit der herrlichen Beute zurückkehrst, sollst du Reich und Zepter in Besitz nehmen.«

Anlaß und Beginn des Argonautenzuges

Mit dem Goldenen Vliese aber verhielt es sich also: Phrixos, ein Sohn des böotischen Königs Athamas, hatte viel von der Nebengattin seines Vaters, seiner bösen Stiefmutter Ino, zu dulden. Um ihn vor ihren Nachstellungen zu bewahren, raubte ihn, mit Hilfe seiner Schwester Helle, die eigene Mutter Nephele. Sie setzte die Kinder auf einen geflügelten Widder, dessen Vlies oder Fell von gediegenem Golde war und welchen sie von dem Gotte Hermes zum Geschenk erhalten hatte. Auf diesem Wundertiere ritten Bruder und Schwester durch die Luft über Land und Meere hin. Unterwegs wurde das Mägdlein von Schwindel überwältigt. Sie fiel in die Tiefe und fand ihren Tod in dem Meere, das von ihr den Namen Helles Meer oder Hellespontos erhielt. Phrixos kam glücklich in das Land der Kolchier an der Küste des Schwarzen Meeres. Hier wurde er von dem Könige Aietes gastfreundlich aufgenommen, der ihm eine seiner Töchter zur Gattin gab. Den Widder opferte Phrixos dem Zeus, dem Beförderer der Flucht; sein Vlies gab er dem Könige Aietes zum Geschenk. Dieser weihte dasselbe dem Ares und befestigte es mit Nägeln im einem Haine, der diesem Gott geheiligt war. Zur Bewachung des Goldenen Vlieses bestellte Aietes einen ungeheuren Drachen; denn ein Schicksalsspruch hatte sein Leben vom Besitze dieses Widderfelles abhängig gemacht. Das Vlies wurde in der ganzen Welt als ein großer Schatz betrachtet, und lange trug man sich auch in Griechenland mit der Nachricht von demselben. Manchen Helden und Fürsten gelüstete es darnach; so hatte Pelias nicht falsch gerechnet, wenn er hoffte, seinen Neffen Iason durch die Aussicht auf eine so herrliche Beute zu reizen. Iason ließ sich auch bereitwillig finden; er durchschaute nicht die Absicht seines Oheims, ihn in den Gefahren dieses Zuges untergehen zu lassen, und verpflichtete sich feierlich, das Abenteuer zu bestehen. Die berühmtesten Helden Griechenlands wurden zu dem kühnen Unternehmen aufgefordert. Am Fuße des Berges Pelion, aus einer Holzart, die im Meere nicht fault, wurde unter Athenes Leitung von dem geschicktesten Baumeister Griechenlands ein herrliches Schiff mit fünfzig Rudern erbaut und nach seinem Erbauer Argos, dem Sohne des Arestor, Argo genannt. Es war das erste lange Schiff, auf welchem sich Griechen in die offene See wagten. Die Göttin Athene hatte dazu das weissagende Brett von einer redenden Eiche des Orakels zu Dodona gestiftet, das eine Stelle in dem Tafelwerke fand. Das Schiff war auswendig mit vielen geschnitzten Arbeiten geziert und gleichwohl so leicht, daß es die Helden zwölf Tagesreisen weit auf der Achsel tragen konnten. Als das Fahrzeug fertig und die Helden versammelt waren, wurden die Plätze der Argoschiffer (Argonauten) verlost. Iason war Befehlshaber des ganzen Zuges; Tiphys war der Steuermann; Lynkeus, der Scharfblickende, machte den Lotsen des Schiffs. Im Vorderteile des Schiffs saß der herrliche Held Herakles, im Hinterteil Peleus, der Vater des Achilles, und Telamon, der Vater des Ajax. Im innern Raume befanden sich unter andern Kastor und Pollux, die Zeussöhne, Neleus, der Vater Nestors, Admetos, der Gemahl der frommen Alkestis, Meleager, der Besieger des kalydonischen Ebers, Orpheus, der wundervolle Sänger, Menötios, der Vater des Patroklos, Theseus, nachher

König von Athen, und sein Freund Peirithoos, Hylas, der junge Gefährte des Herakles, Poseidons Sohn Euphemos und Oïleus, der Vater des kleineren Ajax. Iason hatte seinen Schild dem Poseidon gewidmet, und vor der Abfahrt wurde ihm und allen Meeresgöttern ein feierliches Opfer mit Gebeten dargebracht. Als alle im Schiffe Platz genommen, wurden die Anker gelichtet; die fünfzig Ruderer begannen ihren regelmäßigen Taktschlag; ein günstiger Wind schwellte die Segel, und bald hatte das Schiff den Hafen von Iolkos hinter sich. Orpheus mit lieblichen Harfentönen und begeisterndem Gesang belebte den Mut der Argoschiffer; lustig fuhren sie an Vorgebirgen und Inseln vorbei; erst am zweiten Tage erhob sich ein Sturm und trieb sie in den Hafen der Insel Lemnos.

Die Argonauten zu Lemnos

Auf dieser Insel hatten das Jahr zuvor die Weiber alle ihre Männer, ja das ganze männliche Geschlecht, vom Zorn Aphroditens verfolgt und von Eifersucht getrieben, weil jene sich Nebenweiber aus Thrakien geholt hatten, ausgerottet. Nur Hypsipyle hatte ihren Vater, den König Thoas, verschont und in einer Kiste dem Meere zur Rettung übergeben. Seitdem fürchteten sie unaufhörlich einen Angriff von seiten der Thrakier, der Verwandten ihrer Nebenbuhlerinnen, und blickten oft mit ängstlichen Augen nach der hohen See hinaus. Auch jetzt, wo sie das Schiff Argo heranrudern sahen, stürzten sie alle miteinander aufgeschreckt aus den Toren und strömten, mit Waffen angetan, wie Amazonen ans Ufer. Die Helden verwunderten sich höchlich, als sie das ganze Gestade voll von bewaffneten Weibern und keinen Mann erblickten. Sie fertigten in einem Nachen einen Herold mit dem Friedensstabe an die seltsame Versammlung ab, der von den Frauen vor die unvermählte Königin Hypsipyle gebracht wurde und in bescheidenen Worten die Bitte der Argoschiffer um gastliche Rast vorbrachte. Die Königin versammelte ihr Frauenvolk auf dem Marktplatze der Stadt; sie selbst setzte sich auf den steinernen Thron ihres Vaters; ihr zunächst lagerte sich, auf einen Stab gestützt, die greise Amme; dieser zur Rechten und zur Linken saßen je zwei blondhaarige, zarte Jungfrauen. Nachdem sie der Versammlung das friedliche Ansinnen der Argonauten vorgelegt, sprach sie aufgerichtet: »Liebe Schwestern, wir haben eine große Freveltat begangen und in der Torheit uns männerlos gemacht; wir sollten gute Freunde, wenn sie sich uns darbieten, nicht zurückstoßen. Aber wir müssen auch dafür sorgen, daß sie nichts von unserer Untat erfahren. Darum ist mein Rat, den Fremden Speise, Wein und alle Notdurft in ihr Schiff tragen zu lassen und durch solche Bereitwilligkeit sie ferne von unsern Mauer zu halten.«

Die Königin hatte sich wieder niedergesetzt und dagegen die alte Amme sich erhoben. Mit Mühe richtete sie ihren Kopf aus den Schultern auf und sprach: »Sendet immerhin den Fremdlingen Geschenke: dies ist wohlgetan. Denket aber auch daran, was euch bevorsteht, wenn die Thrakier kommen. Und wenn ein gnädiger Gott diese fernehält, seid ihr darum vor allem Übel sicher? Zwar die alten Weiber, wie ich, können ruhig sein; wir werden sterben, ehe die Not dringend wird, ehe alle unsere Vorräte zu Ende sind. Ihr Jüngeren aber, wie wollet ihr alsdann leben? Werden sich die Ochsen für euch von selbst ins Joch spannen und den Pflug durchs Ackerfeld ziehen? Werden sie an eurer Statt, wenn das Jahr herum ist, die reifen Ähren abschneiden? Denn ihr selbst werdet diese und andere harte Arbeiten nicht verrichten wollen. Ich rate euch, weiset den erwünschen Schutz nicht ab, der sich euch darbietet; vertrauet Gut und Habe den edelgeborenen Fremdlingen an und laßt sie eure schöne Stadt verwalten!«

Dieser Rat gefiel allen Weibern von Lemnos wohl. Die Königin schickte eine der beisitzenden Jungfrauen mit dem Herold auf das Schiff, um den Argonauten den günstigen Beschluß der Frauenversammlung kundzutun. Die Helden waren über die Nachricht hocherfreut, sie glaubten nicht anders, als Hypsipyle

sei ihrem Vater nach dessen Tode in friedlicher Übernahme
der Herrschaft gefolgt. Iason warf den purpurnen Mantel, ein
Geschenk der Athene, über seine Schultern und wandelte der
Stadt zu, einem schimmernden Sterne ähnlich. Als er in die
Tore einzog, strömten ihm die Frauen mit lautem Gruße nach
und erfreuten sich des Gastes. Er aber heftete mit sittsamer
Scheu die Augen auf den Boden und eilte dem Palaste der
Königin zu. Dienende Mägde taten die hohen Pforten weit
vor ihm auf, die Jungfrau führte ihn in das Gemach ihrer
Herrin. Hier nahm er dieser gegenüber auf einem prachtvollen
Stuhle Platz. Hypsipyle schlug die Augen nieder, und ihre
jungfräulichen Wangen röteten sich. Verschämt wandte sie sich
an ihn mit den schmeichelnden Worten: »Fremdling, warum
weilet ihr so scheu außerhalb unserer Tore? Diese Stadt wird
ja nicht von Männern bewohnt, daß ihr euch zu fürchten hättet.
Unsere Gatten sind uns treulos geworden; sie sind mit
thrakischen Weibern, die sie im Kriege erbeutet, in das Land
ihrer Nebenweiber gezogen und haben ihre Söhne und
männlichen Diener mit sich genommen; wir aber sind hilflos
zurückgeblieben. Darum, wenn es euch gefällt, kehrt hier,
bei unsrem Volke, ein, und magst du, sollst du an meines Vaters
Thoas Statt die Deinigen und uns beherrschen. Du wirst das
Land nicht tadeln, es ist bei weitem die fruchtbarste Insel in
diesem Meere. Geh daher, guter Führer, melde deinen
Genossen unsern Vorschlag und bleibet nicht länger außerhalb
der Stadt.« So sprach sie und verhehlte nur die Ermordung
der Männer. Ihr erwiderte Iason: »Königin, die Hilfe, die du
uns Hilfsbedürftigen anbietest, nehmen wir mit dankbarem
Herzen an; wenn ich meinen Genossen die Nachricht
zurückgebracht habe, will ich in eure Stadt zurückkehren, aber
den Zepter und die Insel behalte du selbst! Nicht als ob ich sie
verachte; aber mich erwarten schwere Kämpfe im fernen

Lande.« Iason reichte der königlichen Jungfrau die Hand zum Abschiedsgruße, dann eilte er zurück ans Ufer. Bald kamen auch die Frauen auf schnellen Wagen nach, mit vielen Gastgeschenken. Ohne Mühe überredeten sie die Helden, die ihres Führers Botschaft schon vernommen hatten, die Stadt zu betreten und in ihren Häusern einzukehren. Iason nahm seine Wohnung in der Königsburg selbst, die andern da und dort; nur Herakles, der Feind weibischen Lebens, blieb mit wenigen auserlesenen Genossen zurück auf dem Schiffe. Jetzt füllten fröhliche Mahlzeiten und Tänze die Stadt; duftiger Opferdampf stieg zum Himmel; Einwohnerinnen und Gäste ehrten den Schutzgott der Insel, Hephaistos, und Aphrodite, seine Gemahlin. Von Tag zu Tag wurde die Abfahrt verschoben; und noch lange hätten die Helden bei den freundlichen Wirtinnen verweilt, wenn nicht Herakles vom Schiffe herbeigekommen wäre und die Genossen, ohne der Weiber Wissen, um sich versammelt hätte. »Ihr Elenden«, schalt er, »hattet ihr nicht genug Frauen im eigenen Lande? Seid ihr der Hochzeit bedürftig hierhergekommen? Wollt ihr als Bauern zu Lemnos das Feld pflügen? Freilich! ein Gott wird für uns das Vlies holen und es uns zu Füßen legen! Lieber lasset uns jeden in seine Heimat zurückkehren; jener mag sich mit Hypsipyle vermählen, die Insel Lemnos mit seinen Söhnen bevölkern und von fremden Heldentaten hören!«
Keiner wagte gegen den Helden, der so sprach die Augen aufzuheben oder ihm zu widersprechen. Von der Versammlung weg rüsteten sie sich zur Abfahrt. Aber die Lemnierinnen, ihre Absicht erratend, umschwärmten sie wie summende Bienen mit Klagen und Bitten. Doch ergaben sie sich zuletzt in den Entschluß der Helden. Hypsipyle trat mit tränenden Augen aus der Schar hervor, nahm Iason bei der Hand und sprach: »Geh, und mögen dir die Götter samt deinen

Genossen, wie du es wünschest, das Goldene Vlies verleihen!
Wenn du je zu uns zurückkehren willst, so erwartet dich diese
Insel und das Zepter meines Vaters. Aber ich weiß es wohl, du
hast diese Absicht nicht. So gedenke denn wenigstens meiner
in der Ferne!« Iason schied mit Bewunderung von der edlen
Königin und bestieg zuerst das Schiff, nach ihm die andern
Helden alle. Sie lösten die Taue, mit welchen das Fahrzeug ans
Land gebunden war, die Ruderer setzten sich in Bewegung,
und in kurzer Zeit hatten sie den Hellespont hinter sich.

Die Argonauten im Lande der Dolionen

Thrakische Winde trieben hier das Schiff in die Nähe der phrygischen Küste, wo auf dem Eilande Kyzikos die erdgeborenen Riesen in ungezähmter Wildheit und die friedlichen Dolionen nebeneinander wohnten. Jenen hingen sechs Arme vom Leibe herunter, zwei an den mächtigen Schultern und vier an den beiden Seiten. Die Dolionen stammten vom Meeresgotte ab, der sie auch gegen jene Ungeheuer schirmte. Ihr König war der fromme Kyzikos. Dieser und sein ganzes Volk, als sie von der Ankunft des Schiffes und dem Geschlechte der Männer gehört, gingen den Argonauten liebreich entgegen, empfingen sie gastfreundlich und überredeten sie, noch weiter zu rudern und das Schiff im Hafen der Stadt vor Anker zu legen. Der König hatte längst einen Orakelspruch erhalten: Wenn die göttliche Schar der Heroen käme, so sollte er sie liebreich aufnehmen und ja nicht bekriegen. Er versah sie deswegen reichlich mit Wein und Schlachtvieh. Er selbst war noch ganz jung, und kaum erst war ihm der Bart gewachsen. Im Königshause wartete sein die junge Gattin, die er eben erst aus ihres Vaters Hause heimgeführt hatte; dennoch verließ er sie, um, dem Götterspruche folgsam, das Mahl mit den Fremden zu teilen. Hier erzählten sie ihm von dem Ziel und Zweck ihrer Fahrt, und er unterrichtete sie über den Weg, den sie zu nehmen hätten. Am andern Morgen bestiegen sie einen hohen Berg, um selbst die Lage der Insel und das Meer zu überschauen. Inzwischen waren von der andern Seite des Eilands die Riesen hervorgebrochen und hatten den Hafen mit Felsblöcken gesperrt. In diesem lag das Schiff Argo, von Herakles, der auch diesmal nicht an das Land gestiegen war, bewacht. Als dieser die Ungeheuer das boshafte Werk unternehmen sah, schoß er ihrer viele mit seinen Pfeilen zu Tode. Zu gleicher Zeit kamen auch die übrigen Helden zurück und richteten mit Pfeilen und Speeren unter den Riesen eine furchtbare Niederlage an, so daß sie in dem engen Hafen wie ein umgehauener Wald dalagen, die einen mit Kopf und Brust im Wasser, mit den Füßen auf dem Ufersande, die andern mit den Füßen im Meere, mit Kopf und Brust am Ufer; beide Fischen und Vögeln zur Beute bestimmt. Nachdem die Helden diesen glücklichen Kampf bestanden hatten, lösten sie unter günstigem Winde die Ankertaue und segelten hinaus in die offene See. Aber in der Nacht legte sich der Wind; bald erhob sich ein Sturm von der entgegengesetzten Seite, und so wurden sie genötigt, noch einmal am gastlichen Lande der Dolionen vor Anker zu gehen, ohne daß sie es wußten; denn sie glaubten sich an der phrygischen Küste. Ebensowenig erkannten die Dolionen, die bei dem Geräusche der Landung sich aus ihrer nächtlichen Ruhe erhoben hatten, die Freunde wieder, mit denen sie gestern so fröhlich gezecht hatten. Sie griffen zu den Waffen, und eine unglückselige Schlacht entspann sich zwischen Gastfreunden. Iason selbst stieß dem gütigen Könige Kyzikos den Speer mitten in die Brust, ohne ihn zu kennen und von ihm gekannt zu sein. Die Dolionen wurden endlich in die Flucht geschlagen und schlossen sich in die Mauern ihrer Stadt ein. Am andern Morgen wurde beiden der Irrtum offenbar.

Bitterer Schmerz ergriff den Argonautenführer Iason mit allen seinen Helden, als sie den guten Dolionenkönig in seinem Blute liegen sahen. Drei Tage lang trauerten in friedlicher Vermischung die Helden und die Dolionen, rauften sich die Haare und stellten den Gebliebenen zu Ehren gemeinschaftlich Trauerkampfspiele an; dann schifften die fremden Helden weiter, Klite aber, die Gemahlin des gefallenen Dolionenköniges, erdrosselte sich mit dem Stricke; sie hatte den Tod ihres Gatten nicht überleben wollen.

Herakles zurückgelassen

Nach einer stürmevollen Fahrt landeten die Helden in einem Meerbusen Bithyniens bei der Stadt Kios. Die Mysier, die hier wohnten, empfingen sie gar freundlich, türmten dürres Holz zum wärmenden Feuer auf, machten den Ankömmlingen aus grünem Laub eine weiche Streu und setzten ihnen noch in der Abenddämmerung Wein und Speise zur Genüge vor. Herakles, der alle Bequemlichkeiten der Reise verschmähte, ließ seine Genossen beim Mahle sitzen und machte einen Streifzug in den Wald, um sich aus einem Tannenbaum ein besseres Ruder für den kommenden Morgen zu schnitzen. Bald fand er eine Tanne, die ihm gerecht war, nicht zu sehr mit Ästen beladen, in der Größe und im Umfang wie der Ast einer schlanken Pappel. Sogleich legte er Köcher und Bogen auf die Erde, warf sein Löwenfell ab, seine eherne Keule daneben und zog den Stamm, den er mit beiden Händen gefaßt, mitsamt den Wurzeln und der daranhängenden Erde heraus, so daß die Tanne dalag, nicht anders denn, als hätte sie ein Sturm entwurzelt. Inzwischen hatte sich sein junger Gefährte Hylas auch vom Tische der Genossen verloren. Er war mit dem ehernen Kruge aufgestanden, um Wasser für seinen Herrn und Freund zum Mahle zu schöpfen und auch alles andere ihm für seine Rückkehr vorzubereiten. Herakles hatte auf seinem Zuge gegen die Dryopen seinen Vater im Wortwechsel erschlagen, den Knaben aber aus dem Hause des Vaters mit sich genommen und sich zum Diener und

Freunde erzogen. Als dieser schöne Jüngling an dem Quelle
Wasser schöpfte, leuchtete der Vollmond. Wie er sich nun eben
mit dem Kruge nach dem Wasserspiegel neigte, erblickte ihn
die Nymphe des Quelles. Von seiner Schönheit betört, schlang
sie den linken Arm um ihn, mit der Rechten ergriff sie seinen
Ellenbogen und zog ihn so hinunter in die Tiefe. Einer der
Helden, Polyphemos mit Namen, der die Rückkehr des
Herakles nicht ferne von jenem Quell erwartete, hörte den
Hilfeschrei des Knaben. Aber er fand ihn nicht mehr, dagegen
begegnete er dem Herakles, der aus dem Walde zurückkam.
»Unglücklicher«, rief er ihm entgegen, »muß ich der erste sein,
der dir die Trauerbotschaft melde? Dein Hylas ist zum Quelle
gegangen und nicht wieder zurückgekehrt; Räuber fahren ihn
gefangen davon oder wilde Tiere zerreißen ihn; ich selbst habe
seinen Angstruf gehört.« Dem Herakles floß der Schweiß vom
Haupte, als er es hörte, und das Blut wallte ihm gegen die
Brust. Zornig warf er die Tanne auf den Boden und rannte,
wie ein von der Bremse gestochener Stier Hirten und Herde
verläßt, mit durchdringendem Rufe durch das Dickicht der
Quelle zu.

Jetzt stand der Morgenstern über dem Bergesgipfel; günstiger
Wind erhub sich. Der Steuermann ermahnte die Helden, ihn
zu benützen und das Schiff zu besteigen. Schon fuhren sie im
Morgenlichte fröhlich dahin, als ihnen zu spät einfiel, daß zwei
ihrer Genossen, Polyphemos und Herakles, von ihnen am Ufer
zurückgelassen worden. Ein stürmischer Streit erhob sich unter
den Helden, ob sie ohne die tapfersten Begleiter weitersegeln
sollten. Iason sprach kein Wort, stille saß er, und der Kummer
fraß ihm am Herzen; den Telamon aber übermannte der Zorn:
»Wie kannst du so ruhig sitzen?« rief er dem Führer zu; »gewiß
fürchtetest du, Herakles möchte deinen Ruhm verdunkeln!
Doch was helfen da Worte? Und wenn alle Genossen mit dir

einverstanden wären, so will ich allein zu dem verlassenen Helden umkehren.« Mit diesen Worten faßte er den Steuermann Tiphys an der Brust, seine Augen funkelten wie Feuerflammen, und gewiß hätte er sie gezwungen, nach dem Gestade der Mysier zurückzukehren, wenn nicht die beiden Söhne des Boreas, Kalais und Zetes, ihm in den Arm gefallen wären und mit scheltenden Worten zurückgehalten hätten. Zugleich stieg aus der schäumenden Flut Glaukos, der Meergott, hervor, faßte mit starker Hand das Ende des Schiffes und rief den Eilenden zu: »Ihr Helden, was streitet ihr euch? Was begehret ihr, wider den Willen des Zeus den mutigen Herakles mit euch in das Land des Aietes zu führen? Ihm sind ganz andere Arbeiten zu verrichten vom Schicksale bestimmt. Den Hylas hat eine liebende Nymphe geraubt, und aus Sehnsucht nach ihm ist er zurückgeblieben.« Nachdem er ihnen solches geoffenbart, tauchte Glaukos wieder in die Tiefe nieder, und das dunkle Wasser schäumte in Wirbeln um ihn. Telamon war beschämt, er ging auf Iason zu, legte seine Hand in des Helden Hand und sprach: »Zürne mir nicht, Iason! Der Schmerz hat mich verführt, unvernünftige Worte zu reden! Übergib meinen Fehler den Winden, und laß uns Wohlwollen üben wie früher!« Iason gab der Versöhnung gerne Gehör, und so fuhren sie bei starkem und günstigem Winde dahin. Polyphemos fand sich bei den Mysiern zurecht und baute ihnen eine Stadt. Herakles aber ging weiter, wohin ihn die Bestimmung des Zeus rief.

Pollux und der Bebrykenkönig

Am anderen Morgen legten sie mit Sonnenaufgang an einer weit ins Meer hinausgestreckten Landzunge vor Anker. Dort befanden sich die Ställe und das ländliche Wohnhaus des wilden Bebrykenköniges Amykos. Dieser hatte allen Fremdlingen das lästige Gesetz aufgelegt, daß keiner sein Gebiet verlassen sollte, ehe er sich mit ihm im Faustkampf gemessen. Auf diese Weise hatte er schon viele Nachbarn umgebracht. Auch jetzt näherte er sich mit verächtlichen Worten dem gelandeten Schiffe: »Höret, ihr Meervagabunden«, rief er, »was euch zu wissen not ist! Kein Fremdling darf mein Land verlassen, ohne mit mir gerungen zu haben. So suchet denn euren besten Helden aus und stellet ihn mir; sonst soll es euch übel ergehen!« Nun war unter den Argoschiffern der beste Faustkämpfer Griechenlands, Pollux, der Leda Sohn. Diesen reizte die Ausforderung, und er rief dem Könige zu: »Poltere nicht; wir wollen deinen Gesetzen gehorchen, und in mir hast du deinen Mann gefunden!« Der Bebryke blickte den kühnen Helden mit rollenden Augen an, wie ein verwundeter Berglöwe den, der ihn zuerst getroffen hat. Pollux aber, der jugendliche Held, sah heiter aus wie ein Stern am Himmel; er schwang seine Hände in der Luft, um sie zu versuchen, ob sie von der langen Ruderarbeit erstarrt seien. Als die Helden das Schiff verlassen, stellten die beiden Kämpfer sich einander gegenüber. Ein Sklave des Königes warf ein gedoppeltes Paar von Fechterhandschuhen zwischen sie auf den Boden. »Wähle, welches Paar du willst«, sagte Amykos, »ich will dich nicht lange losen lassen! Du wirst aus Erfahrung sagen können, daß ich ein guter Gerber bin und blutige Backenstreiche zu erteilen verstehe!« Pollux lächelte schweigend, nahm das Handschuhpaar, das ihm zunächst lag, und ließ es sich von seinen Freunden an die Hände festbinden. Dasselbe tat der Bebrykenkönig. Jetzt begann der Faustkampf. Wie eine Meerwelle, die sich dem Schiff entgegenwälzt und welche die Kunst des Steuermanns mit Mühe abweist, stürmte der fremde Ringer auf den Griechen ein und ließ ihm keine Ruhe. Dieser aber wich seinem Angriffe immer kunstvoll und unverletzt aus. Er hatte die schwache Seite seines Gegners bald ausgekundschaftet und versetzte ihm manchen unabgewehrten Streich. Doch nahm auch der König seines Vorteils wahr, und nun krachten die Kinnbacken und knirschten die Zähne von gegenseitigem Schlägen, und sie ruhten nicht eher aus, als bis beide atemlos waren. Dann traten sie beiseite, frischen Atem zu schöpfen und sich den strömenden Schweiß abzutrocknen. Im erneuten Kampfe verfehlte Amykos seines Widerpartes Haupt, und sein Arm traf nur die Schulter; Pollux aber traf den Gegner über das Ohr, daß ihm die Knochen im Kopfe zerbrachen und er vor Schmerz in die Knie sank. Da jauchzten die Argonauten laut auf; aber auch die Bebryken sprangen ihrem Könige bei, kehrten ihre Keulen und Jagdspieße gegen Pollux und stürmten gegen ihn heran. Vor ihm stellten sich schirmend die Genossen mit blanken Schwertern auf. Ein blutiges Treffen entspann sich; die Bebryken wurden in die Flucht geschlagen und mußten in das Innere des Landes weichen. Die Helden warfen sich auf ihre Ställe und Viehherden und machten reichliche Beute. Die

Nacht über blieben sie am Lande, verbanden die Wunden, opferten den Göttern und blieben beim Becher wach. Sie bekränzten ihre Stirnen mit dem Uferlorbeer, an den auch das Schiff mit seinen Tauen angebunden war, und sangen zur Zither des Orpheus eine tönende Hymne. Das schweigende Ufer schien ihnen mit Lust zuzuhorchen, ihr Lied aber besang Pollux, den siegreichen Sohn des Zeus.

Phineus und die Harpyien

Der Morgen setzte dem Mahl ein Ziel, und sie fuhren weiter. Nach einigen Abenteuern warfen sie die Anker, gegenüber dem bithynischen Lande, an einem Ufergebiete aus, wo der König Phineus, der Sohn des Helden Agenor, hauste. Dieser war von einem großen Übel heimgesucht. Weil er die Wahrsagergabe, die ihm von Apollo verliehen worden, mißbraucht hatte, war er im hohen Alter mit Blindheit geschlagen worden, und die Harpyien, die gräßlichen Wundervögel, ließen ihn keine Speise ruhig genießen. Was sie konnten, raubten sie; das Zurückgebliebene besudelten sie so, daß man es nicht berühren, ja selbst die Nähe solcher Speisen nicht aushalten konnte. Doch war dem Phineus ein Trostspruch vom Orakel des Zeus gegeben: Wenn die Boreassöhne mit den griechischen Schiffern kommen würden, sollte er wieder Speise genießen können. So verließ denn der Greis, auf die erste Nachricht von des Schiffes Ankunft, sein Gemach. Bis auf die Knochen abgemagert, war er anzuschauen wie ein Schatten, seine Glieder zitterten vor Altersschwäche, vor den Augen schwindelte ihm, ein Stab unterstützte seine schwankenden Tritte, und als er bei den Argonauten angekommen war, sank er erschöpft zu Boden. Diese umringten den unglücklichen Greis und entsetzten sich über sein Aussehen. Als der Fürst ihre Nähe vernommen und

seine Besinnung wieder zurückgekehrt war, brach er in
flehende Bitten aus: »O ihr teuren Helden, wenn ihr wirklich
diejenigen seid, welche die Weissagung mir bezeichnet hat, so
helfet mir; denn nicht nur meines Augenlichtes haben die
Rachegöttinnen sich bemächtigt, auch die Speisen entziehen
sie meinem Alter durch die gräßlichen Vögel, die sie mir
senden! Ihr leistet eure Hilfe keinem Fremdling; ich bin
Phineus, Agenors Sohn, ein Grieche. Einst habe ich unter den
Thrakiern geherrscht, und die Söhne des Boreas, welche
Teilnehmer eures Zuges sein müssen und mich retten sollen,
sind die jungen Brüder Kleopatras, die dort meine Gattin war.«
Auf diese Entdeckung warf sich ihm Zetes, des Boreas Sohn,
in die Arme und versprach ihm, ihn mit Hilfe seines Bruders
von der Qual der Harpyien zu befreien; und auf der Stelle
bereiteten sie ihm ein Mahl, das der räuberischen Vögel letztes
sein sollte. Kaum hatte der König die Speise berührt, als die
Vögel, wie ein plötzlicher Sturm, mit Flügelschlag aus den
Wolken herabgestürzt kamen und sich gierig auf die Speisen
setzten. Die Helden schrien laut auf; aber die Harpyien ließen
sich nicht stören; sie blieben, bis sie alles aufgezehrt hatten,
dann schwangen sie sich wieder in die Lüfte und ließen einen
unerträglichen Geruch zurück. Doch Zetes und Kalais, die
Boreassöhne, verfolgten sie mit gezücktem Schwert. Zeus
verlieh ihnen Fittiche und unermüdliche Kraft, die sie wohl
brauchen konnten, denn die Harpyien kamen in ihrem Fluge
dem schnellsten Westwinde zuvor. Aber die Boreassöhne
waren rüstig hinter ihnen drein, und oft meinten sie, die
Ungeheuer schon mit den Händen greifen zu können. Endlich
kamen sie ihnen so nahe, daß sie dieselben ohne Zweifel erlegt
hätten, als plötzlich des Zeus Botin, Iris, sich aus dem Äther
herabsenkte und das Heldenpaar so anredete: »Nicht ist's
erlaubt, ihr Söhne des Boreas, die Jagdhunde des großen Zeus,

die Harpyien, mit dem Schwerte zu fällen. Doch schwöre ich euch den großen Göttereid beim Styx, daß die Raubvögel den Sohn des Agenor nicht mehr beunruhigen sollen.« Die Söhne des Boreas wichen dem Eide und kehrten nach dem Schiffe um.

Unterdessen pflegten die griechischen Helden den Leib des greisen Phineus, hielten eine Opfermahlzeit und luden den Ausgehungerten dazu ein. Dieser verzehrte gierig die reinen und reichlichen Speisen; es war ihm, als weidete sich sein Hunger im Traume. Während sie die Nacht über auf die Rückkehr der Boreassöhne warteten, teilte ihnen der alte König Phineus zum Danke von den Früchten seiner Wahrsagergabe mit. »Vor allen Dingen«, lautete seine Rede, »werdet ihr in einem Engpasse des Meeres den Symplegaden begegnen; dies sind zwei steile Felseninseln, deren unterste Wurzeln nicht bis zum Meeresboden reichen, sondern die in der See schwimmen; oft treiben sie einander entgegen, und dann schwillt die Meeresflut in der Mitte mit fürchterlichem Toben an. Wollet ihr nicht mit Mann und Maus zermalmt werden, so rudert zwischen ihnen durch, so schnell wie eine Taube fliegt. Dann werdet ihr ans Gestade der Mariandyner kommen, wo der Eingang zur Unterwelt ist. An vielen andern Vorgebirgen, Flüssen und Küsten fahret ihr dann vorüber, an Frauenstädten der Amazonen, am Lande der Chalyber, die in ihres Angesichtes Schweiß das Eisen aus der Erde graben. Endlich werdet ihr zur kolchischen Küste gelangen, wo der Phasis seinen breiten Strudel ins Meer sendet. Hier werdet ihr die getürmte Burg des Königes Aietes erblicken; hier hütet der schlaflose Drache das Goldvlies, das über dem Wipfel des Eichbaums ausgebreitet hängt.«

Die Helden hörten dem Greise nicht ohne Grauen zu und wollten eben weiter fragen, als sich die Söhne des Boreas aus

den Lüften in ihre Mitte herniedersenkten und den König mit
der tröstlichen Botschaft der Iris erfreuten.

Die Symplegaden

Phineus nahm dankbar und gerührt Abschied von seinen Rettern, die weiter- und mancherlei neuen Schicksalen entgegenfuhren. Zuerst wurden sie durch vierzigtägige Nordwestwinde aufgehalten, bis Opfer und Gebet zu allen zwölf Göttern ihnen zu frischer Fahrt verhalf. Sie waren im besten Segeln begriffen, als ein lautes Tosen ihnen von ferne schon ans Ohr schlug. Es war das Krachen der immer zusammenstoßenden und immer wieder zurückprallenden Symplegaden, der Widerhall der Ufer und das Zischen des zusammengepreßten Meeres. Tiphys, der Steuermann, stellte sich wachsam ans Steuerruder. Euphemos, der Held, erhub sich im Schiffe und hielt auf der flachen Rechten eine Taube. Wenn diese, hatte Phineus ihnen geweissagt, furchtlos zwischen den Felsen hindurchflöge, so dürften auch sie kecklich die Durchfahrt wagen. Eben öffneten sich die Felsen: Euphemos ließ die Taube fliegen; alle richteten ihre Häupter in Erwartung empor. Die Taube flog mitten hindurch, aber schon näherten sich die Felsen wieder, das schäumende Meer wallte zischend einer Wolke gleich auf; ein Brausen erfüllte Wasser und Luft; jetzt stießen die Felsen zusammen und klemmten der Taube die letzten Schwanzfedern ab, doch war sie glücklich hindurchgekommen. Mit lauter Stimme ermunterte Tiphys die

Ruderer, dann aber öffneten sich die Felsen wieder, und die in den Zwischenraum strömende Flut zog das Schiff mit sich hinein. Jetzt hing das Verderben über ihrem Haupte: eine turmhohe Woge wälzte sich ihnen entgegen, bei deren Anblick alle die Köpfe bückten. Aber Tiphys hieß mit den Rudern innehalten, und die schäumende Welle wälzte sich unschädlich unter dem Kiele hin und hob das Schiff hoch über die zusammenschwimmenden Felsen empor. Die Helden arbeiteten, daß die Ruder sich krümmten; jetzt riß der Strudel das Schiff wieder mitten in die Felsen hinab. Schon stießen die Felsen zu beiden Seiten an den Bauch des Schiffes; da gab ihm die Schutzgöttin Athene einen unsichtbaren Stoß, daß es glücklich durchkam und die zusammenschlagenden Felsen nur eben noch die äußersten Bretter des Hinterteiles zermalmten. Als erst die Helden den Äther und die offene See wieder vor sich sahen, da atmeten sie von der Todesangst wieder auf, und es war ihnen, als wären sie aus der Unterwelt emporgetaucht. »Das ist nicht durch unsre Kraft geschehen«, rief Tiphys, »wohl fühlte ich hinter mir die göttliche Hand Athenes, deren Schnellkraft das Schiff durch die Felsen stieß! Nichts haben wir fortan zu fürchten; alle andern Arbeiten nach dieser Gefahr hat uns Phineus als leicht geschildert.« Aber Iason schüttelte traurig sein Haupt und sprach: »Guter Tiphys, ich habe die Götter versucht, daß ich dieses Unternehmen mir von Pelias auflegen ließ; lieber hätte ich mich von ihm in Stücke sollen hauen lassen! Jetzt bringe ich in Seufzen die Nächte nach den Tagen zu, nicht für mich besorgt, nein, nur auf euer Leben und Heil bedacht, und wie ich aus so gräßlichen Gefahren euch der Heimat unverloren zurückgeben soll.« So sprach der Held, seine Genossen zu versuchen. Diese aber jubelten ihm freudig zu und verlangten vorwärts.

Weitere Abenteuer

Unter mancherlei Schicksalen fuhren die Helden nun weiter. Auf der Fahrt erkrankte ihnen ihr treuer Steuermann Tiphys, starb und mußte am fremden Ufer begraben werden. An seine Stelle wählten sie denjenigen von den Helden, der des Steuers am kundigsten war. Er hieß Ankaios und weigerte sich lange, das schwierige Geschäft zu übernehmen, bis ihm Hera, die Göttin, Mut und Zuversicht ins Herz gab. Dann aber stellte er sich ans Ruder und lenkte das Schiff so gut, als wenn Tiphys selbst noch am Steuer säße. Unter seiner Führung gingen sie am zwölften Tage in See und kamen bald mit vollen Segeln an die Mündung des Flusses Kallichoros; hier sahen sie auf einem Hügel das Grabmal des Helden Sthenelos, der mit Herakles in den Amazonenkrieg gezogen und hier, von einem Pfeile getroffen, am Meeresufer verschieden war. Sie wollten eben weiterschiffen, als der klägliche Schatten dieses Helden, von Persephone aus der Unterwelt entlassen, sichtbar ward und sehnsüchtig nach den stammesverwandten Männern blickte. Er stand zuoberst auf seinem Grabhügel in der Gestalt, in welcher er in die Schlacht gegangen war: ein purpurner Busch mit vier schönen Federn wehte ihm vom Helme. Doch war er nur wenige Augenblicke zu schauen und tauchte bald wieder in die schwarze Tiefe hinunter. Erschrocken ließen die Helden die Ruder sinken. Nur Mopsos, der Wahrsager, verstand das Verlangen der abgeschiedenen Seele: er riet seinen Genossen, den Geist des Erschlagenen mit einem Trankopfer zu sühnen. Schnell zogen sie die Segel ein, banden das Schiff am Strande an, und indem sie sich um den Grabhügel stellten, benetzten sie ihn mit Trankopfern und verbrannten geschlachtete Schafe. Dann fuhren sie weiter und weiter und gelangten endlich zur Mündung des Flusses Thermodon. Diesem glich kein anderer Strom auf der Erde: aus einer einzigen Quelle tief in den Bergen entsprungen, teilte er sich bald in eine Menge kleinerer Arme und stürmte in so viel Ausflüssen ins Meer, daß nur viere zu einem Hundert fehlten. Sie wimmelten wie eine Menge Schlangen in die offene See. An dem breitesten Ausflusse wohnten die Amazonen. Dieses Weibervolk stammte vom Gotte Ares ab und liebte die Werke des Krieges. Hätten die Argonauten hier gelandet, so wären sie ohne Zweifel in einen blutigen Krieg mit den Frauen geraten, denn diese waren den tapfersten Helden im Kampfe gewachsen. Sie wohnten nicht in einer Stadt vereinigt, sondern auf dem Lande zerstreut und in einzelne Stämme getrennt. Ein günstiger Westwind hielt die Argonauten von diesem kriegerischen Weibervolke fern. Nach der Fahrt eines Tages und einer Nacht kamen sie, wie ihnen Phineus geweissagt hatte, an das Land der Chalyber. Diese pflügten nicht das Erdreich, pflanzten keine fruchttragenden Bäume, weideten keine Herden auf der tauigen Wiese; sie gruben nur Erz und Eisen aus dem rauhen Boden und tauschten gegen dieses ihre Lebensmittel ein. Keine Sonne ging ihnen ohne schwere Arbeit auf, in schwarzer Nacht und dichtem Rauche verbrachten sie arbeitend ihren Tag. Noch an mancherlei Völkern kamen sie vorüber. Als sie einer Insel, mit Namen Aretia oder Aresinsel, gegenüber waren, flog ihnen ein Bewohner dieses Eilands, ein Vogel, mit kräftigem Flügelschlage entgegen. Als er über dem Schiffe schwebte, schüttelte er seine Schwingen und ließ eine spitze Feder fallen, die in der Schulter des Helden Oïleus steckenblieb. Verwundet ließ der Held das Ruder fahren; die Genossen staunten, als sie das geflügelte Geschoß erblickten, das ihm in der Schulter steckte. Der, der ihm zunächst saß, zog die Feder heraus und verband die Wunde. Bald erschien ein zweiter Vogel; den schoß Klytios, der den Bogen schon gespannt hielt, im Fluge, so daß der Getroffene mitten in das Schiff herabfiel. »Wohl ist die Insel in der Nähe«, sagte da Amphidamas, ein erfahrener Held, »aber trauet jenen Vögeln nicht. Gewiß sind ihrer so viele, daß, wenn wir landeten, wir nicht Pfeile genug hätten, sie zu erlegen. Lasset uns auf ein Mittel sinnen, die kriegslustigen Tiere zu vertreiben. Setzet alle eure Helme mit hohen nickenden Büschen auf; alsdann rudert abwechslungsweise zur Hälfte, zur andern schmücket das Schiff mit blinkenden Lanzen und Schilden aus. Dann erheben wir alle ein entsetzliches Geschrei; wenn das die Vögel hören, dazu die wallenden Helmbüsche, die starrenden Lanzen, die schimmernden Schilde sehen, so werden sie sich fürchten und davonflattern.« Der Vorschlag gefiel den Helden, und alles geschah, wie er ihnen geraten hatte. Kein Vogel ließ sich blicken, solange sie heranruderten; und als sie der Insel näher gekommen, mit den Schilden klirrten, flogen ihrer unzählige aufgeschreckt an der Küste auf und in stürmischer Flucht über das Schiff hin. Aber wie man die Fensterladen eines Hauses vor dem Hagel schließt, wenn man ihn kommen sieht, so hatten sich die Helden mit den Schilden gedeckt, daß die Stachelfedern herabfielen, ohne ihnen zu schaden; die Vögel selbst, die furchtbaren Stymphaliden, flogen weit übers Meer den jenseitigen Ufern zu. Die Argonauten landeten auf dieser Insel nach dem Rate des wahrsagenden Königes Phineus. Sie sollten hier Freunde und Begleiter finden, die sie nicht erwartet. Kaum nämlich hatten sie die ersten Schritte am Ufer getan, als ihnen vier Jünglinge im armseligsten Aufzuge, von allem entblößt, begegneten. Einer von diesen eilte den nahenden Helden entgegen und redete sie an. »Wer ihr auch seid, gute Männer«, sprach er, »kommt armen Schiffbrüchigen zu Hilfe! Teilet uns Kleider mit, unsere Blöße zu bedecken, und Speisen, unsern Hunger zu stillen!« Iason versprach ihnen freundlich alle Hilfe und erkundigte sich nach ihrem Namen und Geschlecht. »Ihr habt wohl von Phrixos gehört, dem Sohne des Athamas«, erwiderte der Jüngling, »der das Goldne Vlies nach Kolchis gebracht hat? Der König Aietes hat ihm seine ältere Tochter zur Ehe gegeben, wir sind seine Söhne, und ich heiße Argos. Unser Vater Phrixos ist vor kurzem gestorben, und nach seinem Letzten Willen hatten wir uns zu Schiffe gesetzt, die Schätze, die er in der Stadt Orchomenos gelassen, abzuholen.« Die Helden waren hocherfreut, und Iason begrüßte sie als Vettern; denn die Großväter Athamas und Kretheus waren Brüder gewesen. Die Jünglinge erzählten weiter, wie ihr Schiff im wütenden Sturme zerbrochen sei und ein Brett sie an diese unwirtliche Insel getragen habe. Als ihnen aber die Helden ihr Vorhaben mitteilten und sie zur Teilnahme an dem Abenteuer aufforderten, da verbargen sie ihr Entsetzen nicht. »Unser Großvater Aietes ist ein grausamer Mann, er soll der Sohn des Sonnengottes und deswegen mit übermenschlicher Macht begabt sein; unzählige Kolcherstämme beherrscht er, und das Vlies hütet ein entsetzlicher Drache.« Manche der Helden wurden bei diesem Berichte bleich. Peleus jedoch, einer von ihnen, erhub sich und sprach: »Glaube nicht, daß wir dem Kolcherkönige unterliegen müssen; auch wir sind Göttersöhne! Gibt er uns das Vlies nicht in Güte, so werden wir es ihm seinen Kolchern zum Trotz entreißen!« So sprachen sie miteinander noch länger beim reichlichen Mahle. Am andern Morgen schifften sich die Söhne des Phrixos, gekleidet und gestärkt, mit ihnen ein, und die Fahrt ging vorwärts. Nachdem sie einen Tag und eine Nacht gerudert, sahen sie die Spitzen des Kaukasusgebirges über die Meeresfläche hervorragen. Als es schon dunkelte, hörten sie ein Geräusch über ihren Häuptern: es war der Adler des Prometheus, der seinem Fraß entgegen hoch über das Schiff dahinflog; und doch war sein Flügelschlag so mächtig, daß alle Segel von ihm wie im Winde sich bewegten. Denn es war ein Riesenvogel, und er schlug die Luft mit seinen Flügeln wie mit großen Segeln. Bald darauf hörten sie aus der Ferne das tiefe Stöhnen des Prometheus, in dessen Leber der Vogel schon wühlte. Nach einiger Zeit verhallten die Seufzer, und sie sahen den Adler wieder hoch über sich durch die Lüfte zurückrudern.

Noch in derselben Nacht gelangten sie ans Ziel und in die Mündung des Flusses Phasis. Freudig kletterten sie an den Segelstangen empor und takelten das Schiff ab; dann trieben sie es mit den Rudern in das breite Bett des Stromes, dessen Wellen vor der gewaltigen Masse des Fahrzeugs sich scheu zurückzuziehen schienen. Zur Linken hatten sie den hohen Kaukasus und Kytaia, die Hauptstadt des Kolcherlandes; zur Rechten breitete sich das Feld und der heilige Hain des Ares aus, wo der Drache das Goldne Vlies, das an den blätterreichen Ästen einer hohen Eiche hing, mit seinen scharfen Augen bewachte. Jetzt erhub sich Iason am Borde des Schiffes, er schwenkte hoch in der Hand einen goldenen Becher voll Weins und brachte dem Flusse, der Mutter Erde, den Göttern des Landes und den auf der Fahrt verstorbenen Heroen ein Trankopfer dar. Er bat sie alle, mit liebreicher Hilfe ihnen nahe zu sein und über den Tauen des Schiffes, das sie eben anbinden wollten, zu wachen. »So wären wir denn glücklich zum

kolchischen Lande gelangt«, sprach der Steuermann Ankaios:
»nun ist's Zeit, daß wir uns ernstlich beraten, ob wir den König
Aietes in Güte angehen oder auf irgendeine andere Weise unser
Vorhaben ins Werk setzen wollen.« »Morgen«, riefen die müden
Helden. Und so befahl denn Iason, das Schiff in einer
schattigen Bucht des Flusses vor Anker gehen zu lassen. Alle
legten sich zu süßem Schlummer nieder, der sie jedoch nur
mit kurzer Rast erquickte, denn bald öffnete ihnen das
Morgenrot die Augenlider.

Iason im Palaste des Aietes

Der frühe Morgen vereinigte die Helden zur Ratsversammlung. Iason erhub sich und sprach: »Wenn euch meine Meinung gefällt, ihr Helden und Genossen, so sollt ihr übrigen alle ruhig, doch die Waffen in der Hand, im Schiffe bleiben; nur ich, die Söhne des Phrixos und zwei aus eurer Mitte wollen uns nach dem Palaste des Königes Aietes aufmachen. Hier will ich es versuchen und ihn zuerst mit höflichen Worten fragen, ob er das Goldne Vlies in Güte uns überlassen wolle. Nun zweifle ich nicht: er wird die Bittenden, auf seine Stärke trotzend, abweisen. Wir aber werden auf diese Weise aus seinem eigenen Munde die Gewißheit erhalten, was uns zu tun ist. Und wer kann es verbürgen, daß unsere Worte nicht doch vielleicht ihn günstig stimmen werden? Hat doch auch früher die Rede über ihn vermocht, daß er den unschuldigen Phrixos, der vor seiner Stiefmutter floh, in den Schutz seiner Gastfreundschaft aufnahm.« Die jungen Helden billigten alle die Rede Iasons. So griff er selbst zum Friedensstabe des Hermes und verließ mit des Phrixos Söhnen und mit seinen Genossen Telamon und Augeias das Schiff. Sie betraten ein mit Weiden bewachsenes Feld, das Kirkäische genannt; hier sahen sie mit Schaudern eine Menge Leichen an Ketten aufgehängt. Doch waren es keine Verbrecher oder gemordete Fremdlinge;

vielmehr galt es in Kolchis für einen Frevel, die Männer zu verbrennen oder in die Erde zu begraben, sondern sie hängten sie, in rohe Stierfelle gewickelt, in den Bäumen auf, ferne von der Stadt, und überließen sie der Luft zum Austrocknen. Nur die Weiber wurden, damit die Erde nicht zu kurz käme, in diese begraben.

Die Kolcher waren ein gar zahlreiches Volk. Damit nun Iason und seine Begleiter von ihnen und dem Mißtrauen des Königes Aietes keine Gefahr liefen, hängte Hera, die Beschirmerin der Argonauten, solange sie unterwegs waren, eine dichte Nebelwolke über die Stadt und zerstreute sie erst wieder, als sie glücklich in dem Palaste des Königes angekommen. Da standen sie denn in dem Vorhofe und bewunderten die dicken Mauern des Königshauses, die hochgeschweiften Tore, die mächtigen Säulen, die hier und dort an den Mauern vorsprangen. Das ganze Gebäude umgürtete ein hervorstehendes steinernes Gesimse, das mit ehernen Dreischlitzen abgekantet war. Schweigend traten sie über die Schwelle des Vorhofes. Diese umgrünten hohe Rebenlauben, darunter perlten vier immerfließende Springquelle; der eine sandte Milch empor, der zweite Wein, der dritte duftendes Öl, der vierte Wasser, das im Winter warm, im Sommer eiskalt war. Der kunstreiche Hephaistos hatte diese köstlichen Werke geschaffen. Derselbe hatte dem Besitzer auch Stierbilder aus Erz gefertiget, aus deren Munde ein furchtbarer Feueratem ging, und einen Pflug aus lauterm Eisen geschaffen: alles dem Vater des Aietes, dem Sonnengotte, zu Dank, der den Hephaistos in der Gigantenschlacht einst auf seinen Wagen genommen und gerettet hatte. Aus diesem Vorhofe kam man zu dem Säulengange des Mittelhofes, der sich zur Rechten und zur Linken hinzog und hinter welchem viele Eingänge und Gemächer zu schauen waren. Querüber standen die zwei

Hauptpaläste, in deren einem der König Aietes selbst, im andern sein Sohn Absyrtos wohnte. Die übrigen Gemächer hielten die Dienerinnen und die Töchter des Königes, Chalkiope und Medea, besetzt. Medea, die jüngere Tochter, war sonst wenig zu schauen; fast alle Zeit brachte sie im Tempel der Hekate zu, deren Priesterin sie war. Diesmal aber hatte Hera, die Schutzgöttin der Griechen, ihr in das Herz gegeben, im Palaste zu bleiben. Sie hatte eben ihr Gemach verlassen und wollte das Zimmer ihrer Schwester aufsuchen, als sie den unerwartet daherschreitenden Helden begegnete. Beim Anblicke der Herrlichen tat sie einen lauten Schrei. Auf ihren Ruf stürzte Chalkiope mit allen ihren Dienerinnen aus ihrem Gemache hervor. Auch diese Schwester brach in einen lauten Jubelruf aus und streckte danksagend ihre Hände gen Himmel; denn sie erkannte in vieren der jungen Helden ihre eigenen Kinder, die Söhne des Phrixos. Diese sanken in die Arme ihrer Mutter, und lange nahm das Grüßen und Weinen kein Ende.

Medea und Aietes

Zuletzt kam auch Aites heraus mit seiner Gemahlin Eidyia, denn der Jubel und die Tränen ihrer Tochter hatten sie hervorgelockt. Sogleich füllte sich der ganze Vorhof mit Getümmel; hier waren Sklaven damit beschäftigt, einen stattlichen Stier für die neuen Gäste zu schlachten; dort spalteten andere dürres Holz für den Herd; wieder andere wärmten Wasser in Becken am Feuer; da war keiner, der nicht im Dienste des Königs etwas zu tun gefunden hätte. Aber ihnen allen ungesehen schwebte hoch in der Luft Eros, zog einen schmerzbringenden Pfeil, senkte sich mit diesem unsichtbar zur Erde nieder, und hinter Iason zusammengekauert, schnellte er vom gespannten Bogen das Geschoß auf die Königstochter Medea, der bald der Pfeil, dessen Flug niemand und sie selbst nicht bemerkt hatte, unter der Brust wie eine Flamme brannte. Wie eine schwer Erkrankte mußte sie einmal über das andere hoch aufatmen; von Zeit zu Zeit warf sie heimliche Blicke auf den herrlichen Helden Iason; alles andere war aus ihrem Gedächtnisse geschwunden; ein einziger süßer Kummer bemächtigte sich ihrer Seele; Blässe wechselte auf ihrem Antlitz mit Purpurröte. In der frohen Verwirrung war niemand auf die Verwandlung aufmerksam, die mit der Jungfrau vorgegangen war. Die Knechte trugen die zubereiteten Speisen herbei; und die Argoschiffer, die sich vom Schweiße der Ruderarbeit im warmen Bade gereinigt hatten, labten sich, fröhlich zu Tische sitzend, an Speise und Trank. Über dem Mahle erzählten dem Aietes seine Enkel das Schicksal, das sie unterwegs betroffen hatte, und nun fragte er sie auch leise nach den Fremdlingen. »Ich will es dir nicht bergen, Großvater«, flüsterte ihm Argos zu, »diese Männer kommen, das Goldene Vlies unsers Vater Phrixos von dir zu erbitten. Ein König, der sie gern aus ihrem Vaterland und ihrem Eigentum vertreiben möchte, hat ihnen diesen gefährlichen Auftrag erteilt. Er hofft, sie werden dem Zorne des Zeus und der Rache des Phrixos nicht entgehen, bevor sie mit dem Vlies in ihre Heimat zurückkommen. Ihr Schiff hat ihnen Pallas (Minerva) bauen helfen, kein solches, wie wir Kolcher sie gebrauchen, von denen wir, deine Enkel, freilich das schlechteste bekommen haben; denn im ersten Windstoße ging es zu Scheitern. Nein, diese Fremdlinge haben ein Schiff, so fest gezimmert, daß alle Stürme vergebens dagegen ankämpfen, und sie selbst sitzen unaufhörlich an dem Ruder. Die tapfersten Helden Griechenlands haben sich in diesem Schiffe versammelt.« Und nun nannte er die Vornehmsten mit Namen, meldete ihm auch Iasons, ihres Vetters, Geschlecht.

Als der König dieses hörte, erschrak er in seinem Herzen und wurde zornig auf seine Enkel; denn durch sie veranlaßt, glaubte er, seien die Fremdlinge an seinen Hof gekommen. Seine Augen brannten unter den buschigen Brauen, und er sprach laut: »Geht mir aus den Augen, ihr Frevler, mit euren Ränken! Nicht das Vlies zu holen, sondern mir Zepter und Krone zu entreißen, seid ihr hierhergekommen! Säßet ihr nicht als Gäste an meinem Tisch, so hätte ich euch längst die Zungen ausreißen und die Hände abhauen lassen und euch nur die Füße geschenkt, um davonzugehen!« Als Telamon, des Aiakos Sohn, der zunächst saß, dieses hörte, ergrimmte er im Geist, wollte sich erheben und dem Könige mit gleichen Worten vergelten. Aber Iason hielt ihn zurück und antwortete selbst mit sanften Worten: »Fasse dich, Aietes, wir sind nicht in deine Stadt und deinen Palast gekommen, dich zu berauben. Wer möchte ein so weites und gefährliches Meer befahren, um fremdes Gut zu holen? Nur das Schicksal und der grausame Befehl eines bösen Königes brachte mich zu diesem Entschlusse. Verleih uns das Goldene Vlies auf unsere Bitte als eine Wohltat; du sollst in ganz Griechenland dafür verherrlicht werden. Auch sind wir bereit, dir schnellen Dank abzustatten; gibt es einen Krieg in der Nähe, willst du ein Nachbarvolk unterjochen, so nimm uns zu Bundesgenossen an, wir wollen mit dir ziehen.« So sprach Iason besänftigend; der König aber ward unschlüssig in seinem Herzen, ob er sie auf der Stelle sollte umbringen lassen oder ihre Kräfte vorher auf die Probe setzen. Nach einigem Besinnen deuchte ihm das letztere besser, und er erwiderte ruhiger als zuvor: »Was braucht es der ängstlichen Worte, Fremdling? Seid ihr wirklich Göttersöhne oder sonst nicht schlechter als ich und habt Lust nach fremdem Gute, so mögt ihr das Goldene Vlies mit euch fortnehmen; denn tapfern Männern gönne ich alles. Aber vorher müßt ihr mir eine Probe geben und eine Arbeit verrichten, die ich selbst zu tun pflege, so gefährlich sie ist. Es weiden mir auf dem Felde des Ares zwei Stiere mit ehernen Füßen, die Flammen speien. Mit diesen durchpflüge ich das rauhe Feld, und wenn ich alles umgeackert, so säe ich in die Furchen nicht der Demeter gelbes Korn, sondern die gräßlichen Zähne eines Drachen; daraus wachsen mir Männer hervor, die mich von allen Seiten umringen und die ich mit meiner Lanze alle erlege. Mit dem frühen Morgen schirre ich die Stiere an, am späten Abend ruhe ich von der Ernte. Wenn du das gleiche vollbracht hast, o Führer, so magst du noch am selben Tage das Vlies mit dir fortnehmen nach deines Königes Haus; eher aber nicht, denn es ist nicht billig, daß der tapfere Mann dem schlechteren weiche.« Iason saß bei diesen Reden stumm und unschlüssig da; er wagte es nicht, ein so furchtbares Werk kecklich zu versprechen. Indessen faßte er sich und antwortete: »So groß diese Arbeit ist, so will ich sie doch bestehen, o König, und wenn ich darüber umkommen sollte. Schlimmeres als der Tod kann auf einen Sterblichen doch nicht warten; ich gehorche der Notwendigkeit, die mich hierher gesendet hat.« »Gut«, sprach der König, »geh jetzt zu deiner Schar, aber besinne dich; gedenkst du nicht alles auszuführen, so überlaß es mir und meide mein Land.«

Der Rat des Argos

Iason und seine zwei Helden erhoben sich von ihren Sitzen. Von den Söhnen des Phrixos folgte ihnen allein Argos; denn er hatte den Brüdern gewinkt, drinnen zu bleiben. Jene aber verließen den Palast. Aisons Sohn leuchtete von Schönheit und Anmut. Die Jungfrau Medea ließ ihre Augen durch den Schleier nach ihm schweifen, und ihr Sinn folgte seinen Fußstapfen wie ein Traum. Als sie wieder allein in ihrem Frauengemach war, fing sie an zu weinen; dann sprach sie zu sich selbst: ›Was verzehre ich mich im Schmerz? Was geht mich jener Held an? Mag er der herrlichste von allen Halbgöttern sein oder der schlechteste, wenn er zugrunde gehen soll, so mag er's! Und doch - o möchte er dem Verderben entrinnen! Laß ihn, ehrwürdige Göttin Hekate, nach Hause zurückkehren! Soll er aber von den Stieren überwältigt werden, so wisse er vorher, daß ich wenigstens über sein trauriges Los mich nicht freue!‹

Während Medea sich so härmte, waren die Helden unterwegs nach dem Schiffe, und Argos sagte zu Iason: »Du wirst meinen Rat vielleicht schelten; dennoch will ich ihn dir mitteilen. Ich kenne eine Jungfrau, die mit Zaubertränken umzugehen versteht, welche Hekate, die Göttin der Unterwelt, sie brauen lehrt. Können wir diese auf unsere Seite bringen, so bezweifle ich nicht, daß du siegreich aus dem Kampfe hervorgehen wirst. Willst du es, so gehe ich hin, sie für uns zu gewinnen.« »Wenn es dir so gefällt, mein Lieber«, erwiderte Iason, »so widerstrebe ich nicht. Doch steht es schlecht um uns, wenn unsere Heimfahrt von den Weibern abhängt!« Unter solchen Reden langten sie beim Schiffe und den Genossen an. Iason berichtete, was von ihm begehrt worden sei und was er dem Könige versprochen habe. Eine Zeitlang saßen die Genossen stumm einander anblickend, endlich erhob sich Peleus und sprach: »Held Iason, wenn du dein Versprechen erfüllen zu können glaubst, so rüste dich. Hast du aber nicht volle Zuversicht, so bleibe fern und sieh dich auch nach keinem von diesen Männern hier um; denn was hätten sie anders zu erwarten als den Tod?«

Bei diesem Worte sprang Telamon auf und vier andere Helden, alle voll kampflustigen Mutes. Aber Argos beruhigte sie und sprach: »Ich kenne eine Jungfrau, die weiß mit Zaubertränken umzugehen: sie ist eine Schwester unsrer Mutter; nun laßt mich zu meiner Mutter gehen und sie überreden, daß sie die Jungfrau uns geneigt mache. Alsdann kann erst wieder von jenem Abenteuer, zu welchem sich Iason erboten hat, die Rede sein.« Kaum hatte er ausgesprochen, so geschah ein Zeichen in der Luft. Eine Taube, der ein Habicht nachjagte, flüchtete in Iasons Schoß; der nachstürzende Raubvogel aber fiel auf den Boden des Hinterschiffes nieder. Jetzt erinnerte sich einer der Helden daran, daß auch der alte Phineus ihnen geweissagt, Aphrodite, die Göttin, würde ihnen zur Rückkehr verhelfen. Alle Helden stimmten darum dem Argos bei; nur Idas, der Sohn des Aphareus, erhob sich unwillig von seinem Sitze und sprach: »Bei den Göttern, sind wir als Weiberknechte hier-hergekommen, und anstatt uns an den Ares zu wenden, rufen wir die Aphrodite an? Soll der Anblick von Habichten und Tauben uns vom Kampfe abhalten? Wohl, so vergesset den Krieg und gehet hin, schwache Jungfrauen zu betrügen.« So sprach er zornig; viele Helden murrten leise. Aber Iason entschied für Argos. Das Schiff ward am Ufer angebunden, und die Helden harreten der Rückkehr ihres Boten.

Aietes hatte unterdessen außerhalb seines Palastes eine Versammlung der Kolcher gehalten. Er erzählte ihnen von der Ankunft der Fremdlinge, ihrem Begehren und dem Untergang, den er ihnen bereitet hätte. Sobald die Stiere den Führer umgebracht hätten, wollte er einen ganzen Wald ausreißen lassen und das Schiff mitsamt den Männern verbrennen. Auch seinen Enkeln, die diese Abenteurer herbeigeführt hätten, dachte er eine schreckliche Strafe zu.

Mittlerweile ging Argos seine Mutter mit bittenden Worten an, daß sie ihre Schwester Medea zur Beihilfe bereden möchte. Chalkiope selbst hatte Mitleid mit den Fremdlingen gefühlt, aber nicht gewagt, dem grimmigen Zorn ihres Vaters entgegenzutreten. So kam ihr die Bitte des Sohns erwünscht, und sie versprach ihren Beistand.

Medea selbst lag in unruhigem Schlummer auf ihrem Lager und sah einen ängstigenden Traum. Ihr war, als hätte der Held sich schon zu dem Kampfe mit den Stieren angeschickt. Er hatte aber diesen Kampf nicht um des Goldenen Vlieses willen unternommen, sondern um sie als Gattin in die Heimat zu führen. Nun war es ihr im Traume, als ob sie selbst den Kampf mit den Stieren bestände, die Eltern aber wollten ihr Versprechen nicht halten und dem Iason den Kampfpreis nicht geben, weil nicht sie, sondern er geheißen war, die Stiere anzuschirren. Darüber war ein heftiger Streit zwischen ihrem Vater und den Fremdlingen entbrannt, und beide Teile machten sie zur Schiedsrichterin. Da wählte sie im Traume den Fremdling; bitterer Schmerz bemächtigte sich der Eltern, sie schrien laut auf - und mit diesem Schrei erwachte Medea.

Der Traum trieb sie nach dem Gemach ihrer Schwester, aber lange hielt die Scham sie unschlüssig im Vorhofe, dreimal verließ sie ihn, und dreimal kehrte sie wieder zurück; und endlich warf sie sich wieder weinend in ihrem eigenen Gemache nieder. So fand sie eine ihrer vertrauten jungen Dienerinnen. Diese hatte Mitleid mit der Herrin und meldete der Schwester Medeas, was sie gesehen hatte. Chalkiope empfing diese Botschaft im Kreis ihrer Söhne, als sie eben sich mit ihnen beriet, wie die Jungfrau zu gewinnen wäre. Sie eilte in das Gemach der Schwester und fand sie, die Wangen zerfleischend und in Tränen gebadet. »Was ist dir geschehen, arme Schwester«, sprach sie mit innigem Mitleid, »welcher Schmerz peinigt deine Seele? Hat der Himmel dir eine plötzliche Krankheit gesendet? Hat der Vater über mich und meine Söhne Grausames zu dir gesprochen? O daß ich ferne wäre vom Elternhaus, und da, wo man den Namen der Kolcher nicht hört!«

Medea verspricht den Argonauten Hilfe

Die Jungfrau errötete bei diesen Fragen ihrer Schwester, und Scham verhinderte sie zu antworten; bald schwebte ihr die Rede zuäußerst auf der Zunge, bald floh sie in die tiefste Brust zurück. Endlich machte sie die Liebe kühn, und sie sprach mit verschlagenen Worten: »Chalkiope, mein Herz ist betrübt um deine Söhne, es möchte sie der Vater mit den fremden Männern auf der Stelle töten. Solches verkündet mir ein schwerer Traum; möge ein Gott ihm die Erfüllung verweigern.« Unerträgliche Angst bemächtigte sich der Schwester: »Eben deswegen komme ich zu dir«, sprach sie, »und beschwöre dich, mir gegen unsern Vater beizustehen. Weigerst du dich, so werde ich mit meinen ermordeten Söhnen dich noch vom Orkus aus als Furie umschweben!« Sie umfaßte mit beiden Händen Medeens Knie und warf das Haupt in ihren Schoß; beide Schwestern weinten bitterlich. Dann sprach Medea: »Was redest du von Furien, Schwester? Beim Himmel und der Erde schwöre ich dir: was ich tun kann, deine Söhne zu retten, will ich gerne tun.« »Nun«, fuhr die Schwester fort, »so wirst du auch dem Fremdling um meiner Kinder willen irgendeinen Trug an die Hand geben, jenen furchtbaren Kampf glücklich zu bestehen; denn von ihm gesendet, fleht mein Sohn Argos mich an, dem Gastfreunde deine Hilfe zu erbitten.«

Das Herz hüpfte der Jungfrau vor Freuden im Leibe, als sie dieses hörte, ihr schönes Angesicht errötete, ihr funkelndes

Auge umhüllte einen Augenblick der Schwindel, und sie brach in die Worte aus: »Chalkiope, das Morgenrot soll meinen Blicken nicht mehr leuchten, wenn dein und deiner Söhne Leben nicht mein erstes ist. Hast du doch mich, wie mir so oft die Mutter erzählte, zugleich mit ihnen gesäugt, als ich ein kleines Kind war; so liebe ich dich nicht nur wie eine Schwester, sondern auch wie eine Tochter. Morgen in aller Frühe will ich zum Tempel der Hekate gehen und dort dem Fremdlinge die Zaubermittel holen, welche die Stiere besänftigen sollen.« Chalkiope verließ das Gemach der Schwester und meldete den Söhnen die erwünschte Botschaft.

Die ganze Nacht lag Medea in schwerem Streite mit sich selbst. ›Habe ich nicht zuviel versprochen‹, sagte sie in ihrem Innern, ›darf ich so viel für den Fremdling tun? Ihn ohne Zeugen schauen, ihn anrühren, was doch geschehen muß, wenn der Trug gelingen soll? Ja, ich will ihn retten; er gehe frei hin, wohin er will: doch an dem Tage, wo er den Streit glücklich vollbracht haben wird, will ich sterben. Ein Strick oder Gift soll mich vom verhaßten Leben befreien. - Aber wird mich dieses retten, wird mich nicht üble Nachrede durchs ganze Kolcherland verfolgen und sagen, daß ich mein Haus beschimpft habe, daß ich einem fremden Manne zulieb gestorben sei?‹ Unter solchen Gedanken ging sie, ein Kästchen zu holen, in welchem heil- und todbringende Arzneien sich befanden. Sie stellte es auf ihre Knie und hatte es schon geöffnet, um von den tödlichen Giften zu kosten; da schwebten ihr alle holden Lebenssorgen vor, alle Lebensfreuden, alle Gespielinnen; die Sonne kam ihr schöner vor als vorher, eine unwiderstehliche Furcht vor dem Tode ergriff sie; sie stellte das Kästchen auf den Boden. Hera, die Beschützerin Iasons, hatte ihr Herz verwandelt. Kaum konnte sie die Morgenröte erwarten, um die versprochenen Zaubermittel zu holen und mit ihnen vor den geliebten Helden zu treten.

Iason und Medea

Während Argos mit der glücklichen Nachricht zu dem Schiffe der Helden eilte, als kaum das Morgenrot den Himmel erhellte, war die Jungfrau schon vom Lager aufgesprungen, band ihr blondes Haar auf, das bisher in Trauerflechten heruntergehangen, wischte Tränen und Harm von den Wangen und salbte sich mit köstlichem Nektaröl. Sie zog ein herrliches Gewand an, das schön gekrümmte, goldne Nadeln festhielten, und warf einen weißen Schleier über ihr strahlendes Haupt. Alle Schmerzen waren vergessen; mit leichten Füßen durcheilte sie das Haus und befahl ihren jungen Dienerinnen, deren zwölfe in ihren Frauengemächern waren, schnell die Maultiere an den Wagen zu spannen, der sie nach dem Tempel der Hekate bringen sollte. Inzwischen holte Medea aus dem Kästchen die Salbe hervor, die man Prometheusöl nannte; wer, nachdem er die Göttin der Unterwelt angefleht, seinen Leib damit salbte, konnte an jenem Tage von keinem Schwertstreiche verwundet, von keinem Feuer versehrt werden, ja er war den ganzen Tag an Kräften jedem Gegner überlegen. Die Salbe war von dem schwarzen Saft einer Wurzel bereitet, die aus dem Blute emporgekeimt war, das von der zerfressenen Leber des Titanensohnes auf die Heiden des Kaukasus geträufelt war. Medea selbst hatte in einer Muschel den Saft dieser Pflanze als kostbares Heilmittel aufgefangen.

Der Wagen war gerüstet; zwei Mägde bestiegen ihn mit der Herrin, sie selbst ergriff Zügel und Peitsche und fuhr, von den übrigen Dienerinnen zu Fuße begleitet, durch die Stadt. Überall wich der Königstochter das Volk ehrerbietig aus dem Wege. Als sie durchs freie Feld am Tempel angekommen war, flog sie mit gewandtem Sprunge vom Wagen und sprach zu ihren Mägden mit listigen, verstellten Worten: »Freundinnen, ich habe wohl schwer gesündigt, daß ich nicht ferne von den Fremdlingen geblieben bin, die in unserm Lande angekommen sind! Nun verlangt gar meine Schwester und ihr Sohn Argos, ich soll Geschenke von ihrem Führer annehmen, der die Stiere zu bändigen versprochen hat, und ihn mit Zaubermitteln unverwundlich machen! Ich aber habe zum Scheine zugesagt und ihn hierher in den Tempel bestellt, wo ich ihn allein sprechen soll. Da will ich die Geschenke nehmen, und wir wollen sie nachher untereinander verteilen. Ihm selbst aber werde ich eine verderbliche Arznei reichen, damit er um so gewisser zugrunde geht! Entfernet euch indessen, sobald er kommt, damit er keinen Verdacht schöpfe und ich ihn allein empfangen kann, wie ich verheißen habe.« Den Mägden gefiel der schlaue Plan. Während diese im Tempel verweilten, machte sich Argos mit seinem Freunde Iason und dem Vogelschauer Mopsos auf. So schön war kein Sterblicher, ja keiner der Göttersöhne zuvor je gewesen, wie heute des Zeus Gemahlin ihren Schützling Iason mit allen Gaben der Huldgöttinnen ausgerüstet hatte. Seine beiden Genossen selbst, sooft sie ihn unterwegs betrachteten, mußten über seine Herrlichkeit staunen. Medea war unterdessen mit ihren Mägden im Tempel, und obwohl sie sich die Zeit mit Singen verkürzten, so war doch der Fürstin Geist in ganz andern Gedanken; und kein Lied wollte ihr lange gefallen. Ihre Augen weilten nicht im Kreise ihrer Dienerinnen, sondern schweiften durch die

Tempelpforte verlangend über die Straße hinaus. Bei jedem
Fußtritt oder Windhauch richtete sich ihr Haupt begierig in
die Höhe. Nicht lange, so trat Iason mit seinen Begleitern in
den Tempel, hoch einherschreitend und schön, wie Sirius dem
Ozean entsteigt. Da war's der Jungfrau, als fiele ihr das Herz
aus der Brust. Nacht war vor ihren Augen, und mit heißem
Rot bedeckte sich ihre Wange. Inzwischen hatten sie die
Dienerinnen alle verlassen. Lange standen der Held und die
Königstochter einander stillschweigend gegenüber, schlanken
Eichen oder Tannen ähnlich, die auf den Bergen tiefgewurzelt
in Windstille regungslos beieinanderstehen; plötzlich aber
kommt ein Sturm, und alle Blätter zittern in rauschender
Bewegung; so sollten, vom Hauch der Liebe angeweht, sie
bald vielbewegte Worte tauschen. »Warum schauest du mich«,
so brach Iason zuerst das Schweigen, »nun, da ich allein bei
dir bin? Ich bin nicht wie andere prahlerische Männer und
war auch zu Hause nie so. Fürchte dich nicht, zu fragen und
zu sagen, was dir beliebt; aber vergiß nicht, daß wir an einem
heiligen Orte sind, wo Betrügen ein Frevel wäre: darum täusche
mich nicht mit süßen Worten; ich komme als ein
Schutzflehender und bitte dich um die Heilmittel, die du deiner
Schwester für mich versprochen. Die harte Notwendigkeit
zwingt mich, deine Hilfe zu suchen; verlange, welchen Dank
du willst, und wisse, daß du den Müttern und Frauen unserer
Helden, die uns vielleicht schon, am Ufer sitzend, beweinen,
durch deinen Beistand die schwarzen Sorgen zerstreuen und
in ganz Griechenland Unsterblichkeit erlangen wirst.«
Die Jungfrau hatte ihn ausreden lassen; sie senkte ihre Augen
mit einem süßen Lächeln; ihr Herz erfreute sich seines Lobes,
ihr Blick erhub sich wieder, die Worte drängten sich auf ihre
Lippen, und gern hätte sie alles zumal gesagt. So aber blieb sie
ganz sprachlos und wickelte nur die duftende Binde von dem

Kästchen ab, das Iason ihr eilig und froh aus den Händen nahm. Sie aber hätte ihm auch freudig die Seele aus der Brust gegeben, wenn er sie verlangt hätte, so süße Flammen wehte ihr der Liebesgott von Iasons blondem Haupte zu; ihre Seele war durchwärmt, wie der Tau auf den Rosen von den Strahlen der Morgensonne durchglüht wird. Beide blickten verschämt zu Boden, dann richteten sie ihre Augen wieder aufeinander und schickten sehnende Blicke unter den Wimpern hervor. Erst spät und mit Mühe hub die Jungfrau an: »Höre nun, wie ich dir Hilfe schaffen will. Wenn dir mein Vater die verderblichen Drachenzähne zum Säen überliefert haben wird, dann bade dich einsam im Wasser des Flusses, bekleide dich mit schwarzen Gewändern und grabe eine kreisförmige Grube. In dieser errichte einen Scheiterhaufen, schlachte ein weibliches Lamm und verbrenne es ganz darauf; dann träufle der Hekate ein Trankopfer süßen Honigs aus der Schale und entferne dich wieder vom Scheiterhaufen. Auf keinen Fußtritt, auf kein Hundegebell kehre dich um, sonst wird das Opfer vereitelt. Am andern Morgen salbe dich mit diesem Zaubermittel, das ich hier dir gereicht habe; in ihm wohnt unermeßliche Stärke und hohe Kraft; du wirst dich nicht den Männern, sondern den unsterblichen Göttern gewachsen fühlen. Auch deine Lanze, dein Schwert und deinen Schild mußt du salben, dann wird kein Eisen in Menschenhand, keine Flamme der Wunderstiere dir schaden oder widerstehen können. Doch wirst du so nicht lange sein, sondern nur an jenem einen Tage; dennoch entziehe dich auf keine Weise dem Streit. Ich will dir auch noch ein anderes Hilfsmittel an die Hand geben. Wenn du nämlich die gewaltigen Stiere eingespannt und das Blachfeld durchpflügt hast und schon die von dir ausgesäete Drachensaat aufgegangen ist, so wirf unter sie einen mächtigen Stein: um diesen werden jene rasenden Gesellen kämpfen wie Hunde um ein Stück Brot; indessen kannst du auf sie einstürzen und sie niedermachen. Dann magst du das Goldene Vlies unangefochten aus Kolchis mit dir nehmen: dann magst du gehen; ja gehe nur, wohin dir zu gehen beliebt!« So sprach sie, und heimliche Tränen rollten ihr über die Wange hinab; denn sie dachte daran, daß der edle Held weit fort über die Meere ziehen werde. Traurig redete sie ihn an, indem sie ihn bei der Rechten faßte, denn der Schmerz ließ sie vergessen, was sie tat: »Wenn du nach Hause kommst, so vergiß nicht den Namen Medeas; auch ich will deiner, des Fernen, gedenken. Sage mir auch, wo dein Vaterland ist, nach welchem du auf diesem schönen Schiffe zurückkehren wirst.« Mit diesen Reden der Jungfrau bemächtigte sich auch des Helden eine unwiderstehliche Neigung, und er brach in die Worte aus: »Glaube mir, hohe Fürstin, daß ich, wenn ich dem Tode entrinne, keine Stunde bei Tag und bei Nacht dein vergessen werde. Meine Heimat ist Iolkos in Hämonien, da, wo der gute Deukalion, der Sohn des Prometheus, viele Städte gegründet und Tempel gebaut hat. Dort kennt man euer Land auch nicht mit Namen.« »So wohnest du in Griechenland, Fremdling«, erwiderte die Jungfrau; »dort sind die Menschen wohl gastlicher als hier bei uns; darum erzähle nicht, welche Aufnahme dir hier geworden, sondern gedenke nur in der Stille mein. Ich werde dein gedenken, wenn alles dich hier vergäße. Wärest du aber imstande, mein zu vergessen, o daß dann der Wind einen Vogel aus Iolkos herbeiführte, durch welchen ich dich daran erinnern könnte, daß du durch meine Hilfe von hier entronnen bist! Ja, wäre ich dann vielmehr selbst in deinem Hause und könnte dich mahnen!« So sprach sie und weinte. »O du Gute«, antwortete Iason, »laß die Winde flattern und den Vogel dazu; denn du sprichst Überflüssiges! Aber wenn du selbst nach Griechenland und in meine Heimat kämest, o wie würdest du von Frauen und Männern verehrt, ja wie eine Gottheit angebetet werden, weil ihre Söhne, ihre Brüder, ihre Gatten durch deinen Rat dem Tode entronnen und fröhlich der Heimat zurückgegeben sind; und mir, mir würdest du dann ganz gehören, und nichts sollte unsere Liebe trennen als der Tod.« So sprach er, ihr aber zerfloß die Seele, als sie solches hörte. Zugleich stand vor ihrem Geist alles Schreckliche, womit die Trennung vom Vaterlande drohte; und dennoch zog es sie mit wunderbarer Gewalt nach Griechenland, denn Hera hatte es ihr ins Herz gegeben. Diese wollte, daß die Kolcherin Medea ihr Vaterland verlassen und zu des Pelias Verderben nach Iolkos kommen sollte.

Inzwischen harrten in der Ferne die Dienerinnen still und traurig; denn die Zeit war längst da, wo die Fürstin nach Hause zurückkehren sollte. Sie selbst hätte die Heimkehr ganz vergessen, denn ihre Seele erfreute sich der trauten Rede, wenn nicht der vorsichtigere Iason, wiewohl auch dieser spät, so gesprochen hätte: »Es ist Zeit zu scheiden, daß nicht das Sonnenlicht früher scheide als wir und die andern alles innewerden. Laß uns an diesem Orte wieder zusammenkommen.«

Iason erfüllt des Aietes Begehr

So schieden sie. Iason kehrte fröhlich zu seinen Genossen und dem Schiffe zurück. Die Jungfrau begab sich zu ihren Dienerinnen. Diese eilten ihr alle entgegen; sie aber sah es nicht; denn ihre Seele schwebte hoch in den Wolken. Mit leichten Füßen bestieg sie den Wagen, trieb die Maultiere an, die von selbst nach Hause rannten, und kam zum Palaste zurück. Hier hatte Chalkiope voll banger Sorge um ihre Söhne längst auf sie gewartet. Sie saß auf einem Schemel, das gebeugte Haupt mit der linken Hand gestützt; ihre Augen waren feucht unter den Augenlidern; denn sie dachte daran, in welches Übels Genossenschaft sie verstrickt wäre.

Iason erzählte unterdessen seinen Genossen, wie ihm die Jungfrau das herrliche Zaubermittel gereicht habe; zugleich hielt er ihnen die Salbe entgegen. Alle freuten sich; nur Idas, der Held, saß seitwärts und knirschte mit den Zähnen vor Zorn. Am andern Morgen sandten sie zwei Männer ab, den Drachensamen von Aietes zu erbitten, der sich nicht lange weigerte. Er gab ihnen von desselben Drachen Zähnen, den Kadmos bei Theben umgebracht hatte. Er tat es ganz getrost; denn er hielt es gar nicht für möglich, daß Iason die Kampfprobe bestehen könnte, wenn es ihm gleich gelingen würde, die Stiere unter das Joch zu spannen. In der Nacht, die auf diesen Tag folgte, badete sich Iason und opferte der Hekate, ganz wie Medea ihn geheißen. Die Göttin selbst vernahm sein

Gebet und kam aus ihren tiefen Höhlen hervor, die entsetzliche, umwunden von gräßlichen Nattern und flammenden Eichenzweigen. Hunde der Unterwelt schwärmten bellend um sie her. Der Anger zitterte unter ihrem Tritt, und die Nymphen des Flusses Phasis heulten. Selbst den Iason ergriff Entsetzen, als er heimkehrte, aber dem Gebote der Geliebten getreu, schaute er sich nicht um, bis er wieder bei seinen Genossen war: und schon schimmerte die Morgenröte über dem Schneegipfel des Kaukasus.

Jetzt warf Aietes seinen starken Panzer über, den Ares auf dem Felde von Phlegra dem Giganten Mimas geraubt; auf sein Haupt setzte er den goldnen Helm mit vier Büschen und griff zu dem vierhäutigen Schilde, den außer Herakles kein anderer Held hätte aufheben können. Sein Sohn hielt ihm die schnellen Rosse am Wagen; diesen bestieg er und flog, die Zügel in der Hand, aus der Stadt, ihm nach unzähliges Volk. Wie selbst zum Kampfe gerüstet, wollte er dem Schauspiele beiwohnen. Iason aber hatte sich nach Medeas Anleitung mit dem Zauberöle Lanze, Schwert und Schild gesalbt. Rings um ihn her versuchten die Genossen ihre Waffen an der Lanze, aber sie hielt stand, und jene vermochten es nicht, sie auch nur ein wenig zu krümmen: sie war in seiner festen Hand wie zu Stein geworden. Darüber ärgerte sich Idas, des Aphareus Sohn, und führte seinen Streich auf den Schaft unter der Spitze; aber der Stahl fuhr zurück wie der Hammer vom Amboß, und fröhlich jubelten die Helden in der frohen Aussicht auf den Sieg. Jetzt erst salbte sich Iason auch den Leib; da fühlte er wunderbare Kraft in allen Gliedern, seine beiden Hände schwollen auf von Stärke und verlangten nach dem Kampf. Wie ein Kriegsroß vor der Schlacht wiehernd den Boden stampft, sich aufrichtet und mit gespitzten Ohren den Kopf erhebt, so streckte sich der Aisonide im Gefühle seiner

Streitbarkeit, hob die Füße, schwang den Erzschild und die Lanze mit der Hand. Dann ruderten die Helden mit ihrem Führer bis zum Aresfelde, wo sie den König Aietes und die Menge der Kolcher schon antrafen, jenen am Ufer und diese auf den Klippenvorsprüngen des Kaukasus gelagert. Als das Schiff angebunden war, sprang Iason mit Lanze und Schild gerüstet aus demselben und empfing sofort einen funkelnden Erzhelm voll spitzer Drachenzähne. Dann hängte er das Schwert mit einem Riemen um die Schultern und schritt vor, herrlich wie Ares oder Apollo. Auf dem Blachfeld umherblickend, sah er bald die ehernen Joche der Stiere auf dem Boden liegen, dabei Pflug und Pflugschar, alles ganz aus Eisen gehämmert. Als er sich das Geräte näher betrachtet hatte, schraubte er die Eisenspitze an den starken Schaft seiner Lanze und legte den Helm nieder. Hierauf schritt er von seinem Schilde gedeckt weiter, nach den Fußstapfen der Tiere forschend. Diese aber brachen von einer andern Seite unvermutet aus einem unterirdischen Gewölbe hervor, wo ihre festen Ställe waren, beide Flammen schnaubend und in dicken Rauch gehüllt. Iasons Freunde schraken zusammen, als ihr Blick auf die Ungeheuer fiel, er aber stand mit ausgespreizten Beinen, den Schild vorgehalten, und erwartete ihren Anlauf wie ein Meerfels die Fluten. Sie kamen auch wirklich, mit den Hörnern stoßend, auf ihn angestürzt, und doch vermochte ihr Anlauf ihm nicht ein Glied zu verrücken. Wie in den Schmiedewerkstätten die Blasbälge brausen und bald mächtige Feuer sprühen machen, bald mit ihrem Atem innehalten, so wiederholten sie brüllend und Flammen speiend ihre Stöße, daß den Helden die Glut wie lauter Blitzstrahlen umzückte. Ihn aber schirmte das Zaubermittel der Jungfrau. Endlich ergriff er den Stier zur Rechten am äußersten Horn und zog ihn mit allen seinen Kräften, bis er ihn an die Stelle geschleppt, wo das eherne Joch lag. Hier gab er seinen ehernen Füßen einen Tritt und warf ihn mit gekrümmten Knien zu Boden. Auf dieselbe Weise zwang er auch den zweiten, der auf ihn losrannte, mit einem einzigen Streich auf die Erde nieder. Dann warf er seinen breiten Schild weg und hielt, von ihren Flammen bedeckt, die beiden niedergeworfenen Stiere mit beiden Händen fest. Aietes mußte die ungeheure Stärke des Mannes bewundern. Inzwischen reichten ihm Kastor und Pollux, wie es unter ihnen verabredet war, die Joche, die auf dem Boden lagen, und er befestigte sie mit Sicherheit an dem Genick der Tiere. Dann erhub er die eherne Deichsel und fügte sie in den Ring des Joches. Die Zwillingsbrüder verließen nun schnell das Feuer, denn sie waren nicht gefeit wie Iason. Dieser aber nahm seinen Schild wieder auf und warf ihn am Riemen hinter den Rücken; dann griff er auch wieder zu dem Helme voll Drachenzähne, faßte seine Lanze und zwang mit ihren Stichen die zornigen und Flammen sprühenden Stiere, den Pflug zu ziehen. Durch ihre Kraft und den mächtigen Pflüger wurde der Boden tief aufgerissen, und die gewaltigen Erdschollen krachten in den Furchen. Iason selbst folgte mit festem Tritt und säete die Zähne in den aufgepflügten Boden, vorsichtig rückwärts blickend, ob die aufkeimende Saat der Drachenmänner sich nicht gegen ihn erhebe; die Tiere aber arbeiteten sich mit ihren ehernen Hufen vorwärts. Als noch der dritte Teil des Tages übrig war, am hellen Nachmittage, war das ganze Blachfeld, obgleich es vier Jaucherte faßte, von dem unermüdlichen Pflüger umgeackert, und nun wurden die Stiere vom Pflug erlöst; diese schreckte der Held mit seinen Waffen, daß sie über das offene Feld hin flohen; er selbst kehrte zum Schiffe zurück, solange er die Furchen noch leer von Erdgebornen sah. Mit lautem Zuruf umringten ihn von allen Seiten die Genossen; er jedoch sprach nichts, sondern füllte

seinen Helm mit Flußwasser und löschte seinen brennenden
Durst. Dann prüfte er die Gelenke seiner Knie und erfüllte
sein Herz mit neuer Streitlust, wie ein schäumender Eber seine
Zähne gegen die Jäger wetzt. Denn schon war das ganze Feld
entlang die Saat hervorgekeimt: der ganze Areshain starrte
von Schilden und spitzen Lanzen und erglänzte von Helmen,
so daß der Schimmer durch die Luft bis zum Himmel
emporblitzte. Da gedachte Iason an das Wort der schlauen
Medea; er faßte einen großen runden Stein auf dem Felde,
vier kräftige Männer hätten ihn nicht vom Boden heben
können; er aber ergriff ihn leicht mit der Hand und warf ihn
springend weithin mitten unter die bodenentsprossenen
Krieger. Er selbst barg sich, ins Knie geworfen, kühn und
vorsichtig unter seinem Schilde. Die Kolcher schrien laut auf,
wie das Meer braust, wenn es sich an spitzen Klippen bricht;
Aietes selbst starrte voll Verwunderung dem Wurfe des
ungeheuren Steines nach. Die Erdgeborenen aber fielen wie
schnelle Hunde einander an und brachten sich gegenseitig mit
dumpfem Knirschen um; speergetroffen sanken sie auf ihre
Mutter Erde nieder, wie Tannenbäume oder Eichen, welche
Windwirbel umgerissen haben. Als sie mitten im Gefechte
begriffen waren, stürzte Iason unter sie wie ein fallender Stern,
der als Wunderzeichen mitten durch die dunkle Nachtluft
schießt. Jetzt zog er sein Schwert aus der Scheide, teilte hier
und dort Wunden aus, hieb manche, die schon standen, nieder,
mähte andere, die erst bis zu den Schultern hervorgewachsen
waren, wie Gras ab; andern spaltete er das Haupt, als sie schon
zum Kampfe rannten. Die Furchen strömten von Blute, wie
ein Abzugsbach; die Verwundeten und Toten stürzten nach
allen Seiten hin, und viele sanken mit blutigen Köpfen wieder
so tief in den Boden, als sie hervorgetaucht waren.

An der Seele des Königes Aietes nagte zehrender Ärger; ohne
ein Wort zu sprechen, drehte er sich um und kehrte zur Stadt
zurück, nur darauf sinnend, auf welche Weise er wirksamer
gegen Iason verfahren könnte. Unter diesen Begebenheiten
war der Tag zu Ende gegangen, und der Held ruhte unter den
Glückwünschen seiner Freunde von der Arbeit.

Medea raubt das goldene Vlies

Die ganze Nacht hindurch hielt der König Aietes die Häupter seines Volkes um sich im Palaste versammelt und ratschlagte, wie die Argonauten zu überlisten wären, denn er war es wohl innegeworden, daß alles, was sich den Tag zuvor ereignet hatte, nicht ohne Mitwirkung seiner Töchter geschehen war. Hera, die Göttin, sah die Gefahr, in welcher Iason schwebte; deswegen erfüllte sie das Herz Medeas mit zagender Furcht, daß sie zitterte wie ein Reh im tiefen Walde, das der Jagdhunde Gebell aufgeschreckt hat. Sogleich ahnte sie, daß ihre Hilfe dem Vater nicht verborgen sei; sie fürchtete auch die Mitwissenschaft der Mägde; darum brannten ihre Augen von Tränen, und die Ohren sausten ihr. Ihr Haar ließ sie wie in Trauer hängen, und wäre das Schicksal nicht zuwider gewesen, so hätte die Jungfrau durch Gift ihrem Jammer zur Stunde ein Ende gemacht. Schon hatte sie die gefüllte Schale in der Hand, als Hera ihr den Mut aufs neue beflügelte und sie mit verwandelten Gedanken das Gift wieder in seinen Behälter goß. Jetzt raffte sie sich zusammen; sie war entschlossen zu fliehen, bedeckte ihr Lager und die Türpfosten mit Abschiedsküssen, berührte mit den Händen noch einmal die Wände ihres Zimmers, schnitt sich eine Haarlocke ab und legte sie zum Andenken für ihre Mutter aufs Bett. »Lebe wohl, geliebte Mutter«, sprach sie weinend »lebe wohl, Schwester Chalkiope und das ganze Haus! O Fremdling! hätte dich das

Meer verschlungen, ehe du nach Kolchis gekommen wärest!«
Und so verließ sie ihre süße Heimat, wie eine Gefangene
fliehend den bittern Kerker der Sklaverei verläßt. Die Pforten
des Palastes taten sich vor ihren Zaubersprüchen auf; durch
enge Seitenwege rannte sie mit bloßen Füßen, mit der Linken
den Schleier bis über die Wangen herunterziehend, mit der
Rechten den Saum ihres Gewandes vor der Befleckung des
Weges schützend. Bald war sie, unerkannt von den Wächtern,
draußen vor der Stadt und schlug einen Fußpfad nach dem
Tempel ein; denn als Zauberweib und als Giftmischerin war
sie vom Wurzelsuchen her aller Wege des Feldes wohl kundig.
Selene, die Mondgöttin, welche sie so wandeln sah, sprach zu
sich selbst, lächelnd herniederscheinend: ›So quält doch auch
andre die Liebe, wie mich die zum schönen Endymion! Oft
hast du mich mit deinen Hexensprüchen vom Himmel
hinweggezaubert; jetzt leidest du selbst um einen Iason bittere
Qualen. Nun, so geh nur, aber so schlau du bist, hoffe nicht,
dem herbsten Schmerz zu entfliehen!‹ So sprach Selene mit
sich selber, jene aber trugen ihre Füße eilig davon; endlich
bogen ihre Schritte gegen das Meeresufer ein, wo das
Freudenfeuer, das die Helden dem Siege Iasons zu Ehren die
ganze Nacht hindurch auflodern ließen, ihr zum Leitsterne
diente. Dem Schiffe gegenüber angekommen, rief sie laut ihren
jüngsten Schwestersohn, Phrontis; dieser, der mit Iason ihre
Stimme erkannte, erwiderte dreimal den dreifachen Ruf. Die
Helden, die dies alle hörten, staunten anfangs, dann ruderten
sie ihr entgegen. Ehe das Schiff ans jenseitige Ufer gebunden
war, sprang Iason vom Verdeck ans Land, Phrontis und Argos
ihm nach. »Rettet mich«, rief das Mädchen, indem sie ihre
Knie umfaßte, »entreißt mich und euch meinem Vater! Alles
ist verraten und keine Hilfe mehr; laßt uns zu Schiffe fliehen,
eh er die schnellen Rosse besteigt; das Goldne Vlies will ich

euch verschaffen, indem ich den Drachen einschläfere. Du aber, o Fremdling, schwöre mir zu den Göttern vor deinen Genossen, daß du mich Verwaiste in der Fremde nicht beschimpfen willst!« So sprach sie traurig und erfreute Iasons Herz. Er hub die ins Knie Gesunkene sanft vom Boden auf, umfaßte sie und sprach: »Geliebte, Zeus und Hera, die Beschirmerin der Ehe, seien meine Zeugen, daß ich, nach Griechenland zurückgekehrt, dich als rechtmäßige Gattin in mein Haus einführen will!« So schwor er und legte seine Hand in die ihrige. Dann hieß Medea die Helden noch in derselben Nacht nach dem heiligen Haine rudern, um dort das Goldne Vlies zu entführen. Eifrig trieben die Griechen das Schiff vorwärts, das Iason und die Jungfrau bald und noch vor dämmerndem Tag verließen, um über den Pfad einer Wiese dem Haine zuzugehen. Dort suchten sie den hohen Eichbaum, an welchem das Goldne Vlies hing, strahlend durch die Nacht, einer Morgenwolke ähnlich, die von der aufgehenden Sonne beschienen wird. Gegenüber aber reckte der schlaflose Drache, aus scharfen Augen in die Ferne blickend, seinen langen Hals den Herannahenden entgegen und zischte fürchterlich, daß die Ufer des Flusses und der ganze große Hain widerhallte. Wie über einen angezündeten Wald die Flammen sich hinwälzen, so rollte das Untier mit leuchtenden Schuppen in unzähligen Krümmungen daher. Die Jungfrau aber ging ihm keck entgegen, sie rief mit süßer Stimme den Schlaf, den mächtigsten der Götter, an, das Ungeheuer einzulullen; sie rief zur mächtigen Königin der Unterwelt, ihr Vorhaben zu segnen. Nicht ohne Furcht folgte ihr Iason. Aber schon durch den Zaubergesang der Jungfrau eingeschläfert, senkte der Drache die Wölbung des Rückens, und sein geringelter Leib dehnte sich der Länge nach aus; nur mit dem gräßlichen Kopfe stand er noch aufrecht und drohte die beiden mit seinem

aufgesperrten Rachen zu fassen. Da sprengte Medea ihm mit
einem Wacholderstengel unter Beschwörungsformeln einen
Zaubertrank in die Augen, dessen Duft ihn mit Schlummer
übergoß; jetzt schloß sich sein Rachen, und schlafend dehnte
sich der Drache mit seinem ganzen Leibe durch den langen
Wald hin.

Auf ihre Ermahnung zog nun Iason das Vlies von der Eiche,
während das Mädchen fortwährend den Kopf des Drachen
mit dem Zauberöl besprengte. Dann verließen beide eilig den
beschatteten Areshain, und Iason hielt von ferne schon freudig
das große Widdervlies entgegen, von dessen Widerschein seine
Stirn und sein blondes Haar in goldenem Schimmer glänzten;
auch beleuchtete sein Schein ihm weithin den nächtlichen Pfad.
So ging er, es auf der linken Schulter tragend; die goldne Last
hing ihm vom Hals bis auf die Füße herunter; dann rollte er
es wieder auf, denn immer fürchtete er, ein Mensch oder Gott
möchte ihm begegnen und ihn des Schatzes berauben. Mit
der Morgenröte traten sie ins Schiff, die Genossen umringten
den Führer und staunten das Vlies an, das funkelte wie des
Zeus Blitz; jeder wollte es mit den Händen betasten; aber Iason
litt es nicht, sondern warf einen neugefertigten Mantel darüber.
Die Jungfrau setzte er auf das Hinterverdeck des Schiffes und
sprach dann so zu seinen Freunden: »Jetzt, ihr Lieben, laßt
uns eilig ins Vaterland zurückkehren. Durch dieser Jungfrau
Rat ist vollbracht, weswegen wir unsere Fahrt unternommen
haben; zum Lohne führe ich sie als meine rechtmäßige
Gemahlin nach Hause; ihr aber helft mir sie als die Helferin
ganz Griechenlands beschirmen. Denn ich zweifle nicht: bald
wird Aietes dasein und mit allem seinem Volke unsere Ausfahrt
aus dem Flusse hindern wollen! Deswegen soll von euch
abwechslungsweise die eine Hälfte rudern, die andere, unsere
mächtigen Schilde aus Rindshaut den Feinden entgegen-

haltend, die Rückfahrt schirmen. Denn in unserer Hand steht jetzt die Heimkehr zu den Unsrigen und die Ehre oder Schande Griechenlands!« Mit diesen Worten hieb er die Taue ab, mit denen das Schiff angebunden war, warf sich in volle Rüstung und stellte sich so neben das Mägdlein, dem Steuermann Ankaios zur Seite. Das Schiff eilte unter den Rudern der Mündung des Flusses entgegen.

Die Argonauten,
verfolgt, entkommen mit Medea

Inzwischen hatten Aietes und alle Kolcher Medeas Liebe, Taten und Flucht erfahren. Sie traten bewaffnet auf dem Markte zusammen, und bald sah man sie mit lautem Schalle das Ufer des Flusses hinabziehen: Aietes fuhr auf einem festgezimmerten Wagen, mit den Pferden, die ihm der Sonnengott verliehen; in der Linken trug er einen runden Schild, in der Rechten eine lange Pechfackel; an seiner Seite lehnte die gewaltige Lanze. Die Zügel der Rosse handhabe sein Sohn Absyrtos. Als sie aber an der Mündung des Flusses angekommen waren, da fuhr das Schiff, von den unermüdlichen Ruderern getrieben, schon weit auf der hohen See. Fackel und Schild entsank dem König; er hub die Hände gen Himmel, rief Zeus und den Sonnengott zu Zeugen der Übeltaten und erklärte grimmig seinen Untertanen: wenn sie ihm die Tochter nicht, zu Wasser oder zu Land ergriffen, herbeiführen würden, so daß er, seines Herzens Gelüste folgend, Rache üben könnte, so sollten sie es alle mit ihren Häuptern büßen. Die erschrockenen Kolcher zogen noch an demselben Tage ihre Schiffe in die See, spannten die Segel aus und fuhren hinaus ins Meer; ihre Flotte, welche des Königes Sohn Absyrtos befehligte, glich einer unabsehbaren Vogelschar, welche die Luft verdunkelnd über die See dahinschwirrt.

In die Segel der Argonauten blies der günstigste Wind; schon mit der dritten Morgenröte banden sie das Schiff beim Flusse

Halys am Ufer der Paphlagonen an. Hier brachten sie auf
Medeas Geheiß der Göttin Hekate, die sie gerettet hatte, ein
Opfer. Da fiel ihrem Führer und auch andern Helden bei, daß
der alte Wahrsager Phineus ihnen zur Rückfahrt auf einem
neuen Wege geraten hatte; der Gegenden aber war keiner
kundig. Nun belehrte sie Argos, der Sohn des Phrixos, der es
aus Priesterschriften wußte, daß sie nach dem Isterflusse
steuern sollten, dessen Quellen fern in den Rhipäischen Bergen
murmeln und der das Füllhorn seiner Wasser zur Hälfte ins
Ionische, zur andern Hälfte ins Sizilische Meer ergießt. Als
Argos dies geraten, erschien die breite Himmelsfurche eines
Regenbogens in der Richtung, in welcher sie fahren sollten,
und der günstige Wind ließ nicht ab zu wehen und das
Himmelszeichen hörte nicht auf zu leuchten, bis sie glücklich
an die ionische Mündung des Flusses Ister gelangt waren.
Die Kolcher ließen aber mit ihrer Verfolgung nicht nach und
kamen, schneller segelnd, mit ihren leichten Schiffen noch vor
den Helden an der Mündung des Isters an. Hier legten sie
sich, an verschiedenen Buchten und Inseln des Ausflusses
verteilt, in den Hinterhalt und verstellten den Helden, als diese
sich in der Mündung des Stromes vor Anker gelegt, den
Ausweg. Die Argonauten, die Menge der Kolcher fürchtend,
landeten und warfen sich auf eine Insel des Flusses; die Kolcher
folgten, und ein Treffen bereitete sich vor. Da traten die
bedrängten Griechen in Unterhandlung, und von beiden Teilen
wurde verabredet, daß jedenfalls die Griechen das Goldne
Vlies, das der König dem Helden Iason für seine Arbeit
versprochen hatte, davontragen sollten; die Königstochter
Medea aber sollten sie auf einer zweiten Insel, im Tempel der
Artemis, aussetzen, bis ein gerechter Nachbarkönig als
Schiedsrichter entschieden hätte, ob sie zu ihrem Vater
zurückkehren oder ob sie den Helden nach Griechenland

folgen sollte. Bittere Sorgen bemächtigten sich der Jungfrau, als sie solches hörte; sie führte sogleich ihren Geliebten seitwärts an einen Ort, wo keiner seiner Genossen sie hören konnte; dann sprach sie unter Tränen:»Iason, was habt ihr über mich beschlossen? Hat das Glück alles bei dir in Vergessenheit gesenkt, was du mir mit heiligem Eide in der Not versprochen? In dieser Hoffnung habe ich Leichtsinnige, Ehrvergessene Vaterland, Haus und Eltern verlassen, was mein Höchstes war. Für deine Rettung treibe ich auf dem Meere mit dir um; meine Vermessenheit hat dir das Goldne Vlies verschafft; für dich habe ich Schmach auf den Frauennamen geladen, deswegen folge ich dir als dein Mädchen, als dein Weib, als deine Schwester ins griechische Land. Und darum beschirme mich auch, laß mich nicht allein hier, überlaß mich nicht den Königen zum Urteil. Wenn mich jener Richter meinem Vater zuspricht, so bin ich verloren; wie wäre dir dann deine Rückkehr angenehm? Wie könnte des Zeus Gemahlin, Hera, dieses billigen, sie, deren du dich rühmest? Ja, wenn du mich verlässest, so wirst du einst, in Elend versunken, mein gedenken. Wie ein Traum soll dir das Goldne Vlies in den Hades entschwinden! Aus dem Vaterlande sollen dich meine Rachegeister treiben, wie ich durch deine Verkehrtheit aus meinem Vaterlande getrieben worden bin!« So sprach sie in wilder Leidenschaft und gedachte Feuer in das Schiff zu legen, alles zu verbrennen und sich selbst hineinzustürzen. Bei ihrem Anblicke ward Iason scheu, das Gewissen schlug ihm, und er sprach mit begütigenden Worten:»Fasse dich, Gute! Mir selbst ist jener Vertrag nicht Ernst! Suchen wir ja nur einen Aufschub der Schlacht, weil eine ganze Wolke von Feinden uns umringt, um deinetwillen. Denn alles, was hier wohnt, ist den Kolchern befreundet und will deinem Bruder Absyrtos helfen, daß er dich als Gefangene dem Vater zurückbringe. Wir alle aber, wenn wir jetzt den Kampf beginnen, werden elendiglich umkommen, und deine Lage wird noch hoffnungsloser, wenn wir gestorben sind und dich den Feinden als Beute zurücklassen. Vielmehr soll jener Vertrag nur ein Hinterhalt sein, der den Absyrtos ins Verderben stürzt; denn wenn ihr Führer tot ist, so werden den Kolchern die Nachbarn keine Hilfe mehr leisten wollen.« So sprach er schmeichelnd, und Medea gab ihm den gräßlichen Rat: »Höre mich. Ich habe einmal gesündigt und, vom Verhängnis verblendet, Übles getan. Rückwärts kann ich nicht mehr, so muß ich vorwärtsschreiten im Frevel. Wehre du im Treffen die Lanzen der Kolcher ab; ich will den Bruder betören, daß er sich in deine Hände gibt. Du empfange ihn mit einem glänzenden Mahle; kann ich dann die Herolde überreden, daß sie ihn zum Zwiegespräch allein mit mir lassen: alsdann - ich kann nicht widerstehen - magst du ihn töten und die Schlacht den Kolchern liefern.« Auf diese Weise legten die beiden dem Absyrtos einen schweren Hinterhalt. Sie sandten ihm viele Gastgeschenke, darunter ein herrliches Purpurkleid, das die Königin von Lemnos dem Iason gegeben hatte, welches einst die Huldgöttinnen selbst dem Gotte Dionysos gefertiget und das mit himmlischem Dufte getränkt war, seit der nektartrunkene Gott darauf geschlummert hatte. Den Herolden redete die schlaue Jungfrau zu, Absyrtos sollte im Dunkel der Nacht auf die andere Insel zum Artemistempel kommen; dort wollten sie eine List ausdenken, wie er das Goldne Vlies wiederbekäme und es dem Könige, ihrem Vater, zurückbringen könnte; denn sie selbst, so heuchelte sie, sei von den Söhnen des Phrixos mit Gewalt den Fremdlingen überliefert worden. Nachdem sie so die Friedensboten betört hatte, spritzte sie von ihren Zauberölen in den Wind, so viel, daß ihr Duft auch das wildeste Tier vom höchsten Berge

herabzulocken kräftig gewesen wäre. Es geschah, wie sie
gewünscht hatte. Absyrtos, durch die feierlichsten
Versprechungen betrogen, schiffte in dunkler Nacht nach der
heiligen Insel hinüber. Dort allein mit der Schwester
zusammengekommen, versuchte er das Gemüt der
Verschlagenen, ob sie wirklich eine List gegen die Fremdlinge
hegte; aber es war, als wenn ein schwacher Knabe durch einen
angeschwollenen Bergstrom waten wollte, über den kein
kräftiger Mann ungestraft setzen kann. Denn als sie mitten im
Gespräch waren und die Schwester ihm alles zusagte, da stürzte
plötzlich Iason aus dem verborgenen Hinterhalte hervor, das
bloße Schwert in der Hand. Die Jungfrau aber wandte ihre
Augen ab und bedeckte sich mit dem Schleier, um den Mord
ihres Bruders nicht mit ansehen zu müssen. Wie ein Opfertier
stürzte der Königssohn unter den Streichen Iasons und
bespritzte Gewand und Schleier der abgekehrten Medea mit
seinem Bruderblut. Aber die Rachegöttin, die nichts übersieht,
schaute aus ihrem Verstecke mit finsterem Auge die gräßliche
Tat, die hier begangen ward. Nachdem Iason sich von dem
Morde gereinigt und den Leichnam begraben hatte, gab Medea
den Argonauten mit einer Fackel das verabredete Zeichen.
Diese legten ihr Fahrzeug neben das Schiff, auf dem Absyrtos
zur Artemisinsel gekommen war, und fielen, wie Habichte über
Taubenscharen oder Löwen über Schafherden, über die ihres
Führers beraubten Begleiter des Absyrtos her. Keiner entging
dem Tode. Iason, der den Seinigen zu Hilfe kommen wollte,
erschien zu spät, denn schon war der Sieg entschieden.

Weitere Heimfahrt der Argonauten

Auf des Peleus Rat schifften die Helden aus der Mündung hervor und schleunig davon, ehe die zurückgelassenen Kolcher zur Besinnung kommen konnten. Diese, als sie innewurden, was geschehen war, gedachten anfangs die Feinde zu verfolgen, aber Hera schreckte sie mit warnenden Blitzen vom Himmel; und da sie zu Hause den Zorn des Königes fürchteten, wenn sie ihm Sohn und Tochter nicht zurückbrächten, so blieben sie auf den Artemisinseln in der Mündung des Ister zurück und siedelten sich hier an.

Die Argonauten aber schifften an mancherlei Gestaden und Inseln vorüber, auch an dem Eilande, wo die Königin Kalypso, die Tochter des Atlas, wohnte. Schon glaubten sie in der Ferne die höchsten Bergspitzen des heimischen Festlandes aufsteigen zu sehen, als Hera, welche die Pläne des erzürnten Zeus fürchtete, einen Sturm gegen sie erhob, der ihr Schiff mit Ungestüm an die unwirtliche Insel Elektris trieb. Jetzt begann auch das weissagende Holz, das Athene mitten in den Kiel eingefügt hatte, zu sprechen, und entsetzliche Furcht ergriff die Horchenden. »Ihr werdet dem Zorn des Zeus und den Irrfahrten des Meeres nicht entgehen«, tönte das hohle Brett, »bevor nicht die Zaubergöttin Kirke euch den grausamen Mord des Absyrtos abgewaschen hat. Kastor und Pollux sollen zu den Göttern beten, daß sie euch die Pfade des Meeres öffnen und ihr Kirke finden könnet, die Tochter des Sonnengottes und der Perse.« So sprach der hölzerne Mund des Schiffes Argo um die Abenddämmerung. Schauder und Furcht ergriff die Helden, als sie den seltsamen Propheten so Schreckliches verkünden hörten. Die Zwillinge Kastor und Pollux allein sprangen auf und hatten den Mut, zu den unsterblichen Göttern um Schutz zu beten; das Schiff aber schoß weiter bis in die innerste Bucht des Eridanos, da wo einst Phaëthon verbrannt vom Sonnenwagen in die Flut gefallen war. Noch jetzt schickt er aus der Tiefe Rauch und Glut aus seiner brennenden Wunde hervor. Kein Schiff kann mit leichten Segeln über dieses Gewässer hinfliegen, sondern es springt mitten in die Flamme hinein. Ringsumher am Ufer seufzen, in Pappeln verwandelt, Phaëthons Schwestern, die Heliaden, im Winde und träufeln lichte Tränen aus Bernstein auf den Boden, welche die Sonne trocknet und die Flut in den Eridanos hineinzieht. Den Argonauten half zwar ihr starkes Schiff aus dieser Gefahr, aber alle Lust nach Speise und Trank verging ihnen; denn bei Tage peinigte sie der unerträgliche Geruch, der aus den Fluten des Eridanos vom dampfenden Phaëthon aufstieg, und bei Nacht hörten sie ganz deutlich das Wehklagen der Heliaden und wie die Bernsteintränen gleich Öltropfen ins Meer rollten. An den Ufern des Eridanos hin kamen sie zu der Mündung des Rhodanos und wären hineingeschifft, von wannen sie nicht lebendig herauskommen sollten, wenn nicht Hera plötzlich auf einer Klippe erschienen wäre und mit furchtbarer Götterstimme sie abgemahnt hätte. Diese hüllte das Schiff schirmend in schwarze Nebel, und so fuhren sie an unzähligen Keltenvölkern viele Tage und Nächte vorbei, bis sie endlich das tyrrhenische Ufer erblickten und bald darauf glücklich in den Hafen der Insel Kirkes einliefen.

Hier fanden sie die Zaubergöttin, wie sie, am Meergestade stehend, ihr Haupt in den Wellen badete. Ihr hatte geträumt, das Gemach und das ganze Haus ströme über von Blut, und die Flamme fresse alle Zaubermittel, mit welchen sie sonst die Fremdlinge behext hatte; sie aber schöpfe mit hohler Hand das Blut und lösche das Feuer damit. Dieser entsetzliche Traum hatte sie mit der Morgenröte vom Lager aufgeschreckt und ans Meeresufer getrieben; hier wusch sie Kleidung und Haare, als ob sie blutbefleckt wären. Ungeheure Bestien, nicht andern Tieren ähnlich, sondern aus den verschiedensten Gliedern zusammengesetzt, folgten herdenweise, wie das Vieh dem Hirten aus dem Stalle. Die Helden ergriff entsetzliches Grausen, zumal da sie der Kirke nur ins Angesicht zu sehen brauchten, um sich zu überzeugen, daß sie die Schwester des grausamen Aietes sei. Die Göttin, als sie die nächtlichen Schrecken von sich entfernt hatte, kehrte schnell wieder um, lockte den Tieren und streichelte sie, wie man Hunde streichelt. Iason hieß die ganze Mannschaft im Schiffe bleiben, er selbst sprang mit Medea ans Land und zog das widerstrebende Mädchen mit sich fort, Kirkes Palaste zu. Kirke wußte nicht, was die Fremden bei ihr suchten. Sie hieß sie auf schönen Sesseln Platz nehmen. Jene aber flüchteten still und traurig an den Herd und ließen sich dort nieder. Medea legte ihr Haupt in beide Hände, und Iason stieß das Schwert, mit welchem er den Absyrtos umgebracht hatte, in den Boden, legte die Hand auf dasselbe und stützte sein Kinn darauf, ohne die Augen aufzuschlagen. Da merkte Kirke, daß es Schutzflehende seien, und verstand sogleich, daß es sich um den Jammer der Verbannung und die Sühnung eines Mordes handle. Sie trug Scheu vor Zeus, dem Beschirmer der Flehenden, und brachte das verlangte Opfer dar, indem sie ein Ferkel einer noch lebenden Muttersau schlachtete und den reinigenden Zeus dazu anrief. Ihre Dienerinnen, die Najaden, mußten all die Sühnungsmittel aus dem Hause zusammentragen; sie selbst stellte sich an den Herd und verbrannte heilige Opferkuchen unter feierlichen Gebeten, um den Zorn der Erinnyen zu besänftigen und die Verzeihung des Göttervaters für die Mordbefleckten anzurufen. Als alles vorüber war, ließ sie die Fremden erst auf die glänzenden Stühle setzen und setzte sich ihnen gegenüber. Dann fragte sie dieselben über ihr Geschäft und ihre Schiffahrt, woher sie kämen, warum sie hier gelandet und wofür sie ihren Schutz begehrt hätten; denn ihr blutiger Traum war ihr wieder in den Sinn gekommen. Als die Jungfrau nun ihr Haupt aufrichtete und ihr ins Angesicht sah, fielen ihr die Augen des Mädchens auf; denn Medea stammte ja wie Kirke selbst vom Sonnengotte; und alle Abkömmlinge dieses Gottes haben strahlende Augen voll Goldglanz. Nun verlangte sie die Muttersprache der Landesflüchtigen zu hören, und die Jungfrau fing an, in kolchischer Mundart, alles, was mit Aietes, den Helden und ihr geschehen war, der Wahrheit nach zu erzählen; nur die Ermordung ihres Bruders Absyrtos wollte sie nicht gestehen. Aber der Zaubergöttin Kirke blieb nichts verborgen; doch jammerte sie ihrer Nichte und sie sprach: »Arme, du bist unehrlich geflohen und hast einen großen Frevel begangen. Gewiß wird dein Vater nach Griechenland kommen, den Mord seines Sohnes an dir zu rächen. Von mir jedoch sollst du kein weiteres Übel leiden, weil du eine Schutzflehende und dazu meine Verwandte bist. Nur verlang auch keine Hilfe von mir. Entferne dich mit dem fremden Manne, wer es auch sein mag. Ich kann weder deine Pläne noch deine schimpfliche Flucht billigen!« Ein unendlicher Schmerz ergriff die Jungfrau bei diesen Worten. Sie warf den Schleier über ihr Haupt und weinte bitterlich, bis der Held sie an der Hand ergriff und die Wankende mit sich aus Kirkes Palast hinausführte.

Doch Hera erbarmte sich ihrer Schützlinge. Sie sandte ihre Botin Iris auf dem bunten Regenbogenpfade zur Meeresgöttin

Thetis hinab, ließ diese zu sich rufen und empfahl das Heldenschiff ihrem Schirm. Sogleich mit Iasons und Medeas Ankunft an Bord fingen nun sanfte Zephire zu wehen an; froheren Mutes lichteten die Helden die Anker und spannten die hohlen Segel aus. Mit leichtem Winde wogte das Schiff weiter, und bald stellte sich ihnen eine schöne blühende Insel dar, die der Sitz der trügerischen Sirenen war, welche die Vorüberschiffenden durch ihre Gesänge anzulocken und zu verderben pflegten. Halb Vögel, halb Jungfrauen, saßen sie immer auf ihrer Warte, und kein Fremder, der vorüberfuhr, entging ihnen. Auch jetzt sangen sie den Argonauten die schönsten Lieder zu, und schon waren diese im Begriffe, die Taue nach dem Ufer zu werfen und anzulegen, als der thrakische Sänger Orpheus sich von seinem Sitze erhob und seine göttliche Leier so mächtig zu schlagen begann, daß sie die Stimmen der Jungfrauen übertönte; zugleich blies ein tönender gottgesandter Zephir in den Rücken des Schiffes, so daß der Sirenengesang ganz in den Lüften verhallte. Nur einer der Genossen, Butes, der Sohn des Teleon, hatte der hellen Stimme der Sirenen nicht zu widerstehen vermocht, sprang von der Ruderbank ins Meer und schwamm dem verführerischen Hall entgegen. Er wäre verloren gewesen, wenn ihn nicht die Beherrscherin des Berges Eryx in Sizilien, Aphrodite, erblickt hätte. Sie riß ihn mitten aus den Wirbeln heraus und warf ihn auf ein Vorgebirge dieser Insel, wo er hinfort wohnen blieb. Die Argonauten betrauerten ihn für tot und schifften neuen Gefahren entgegen; denn sie kamen in eine Meerenge, wo auf der einen Seite der steile Fels der Skylla in die Fluten hinausragte und das Schiff zu zerbrechen, auf der andern Seite der Strudel der Charybdis die Wasser in die Tiefe riß und das Schiff zu verschlingen drohte. Dazwischen irrten unter der Flut vom Grunde losgerissene Felsen, wo sonst die glühende Werkstätte des Hephaistos ist; jetzt aber rauchte sie nur und erfüllte den Äther mit Finsternis. Hier begegneten ihnen von allen Seiten die Meernymphen, des Nereus Töchter; im Rücken des Schiffes faßte die Fürstin derselben, Thetis selbst, das Steuerruder. Alle miteinander umgaukelten das Schiff, und wenn es sich den schwimmenden Felsen nähern wollte, so stieß es eine Nymphe der andern zu, wie Jungfrauen, die Ball spielen. Bald stieg es mit den Wellen hoch empor zu den Wolken, bald flog es wieder in den Abgrund hinab. Auf dem Gipfel einer Klippe sah, den Hammer auf die Schulter gelehnt, Hephaistos dem Schauspiele zu und vom gestirnten Himmel herab des Zeus Gemahlin, Hera; diese aber ergriff Athenes Hand; denn sie konnte es ohne Schwindel nicht mit ansehen. Endlich waren sie den Gefahren glücklich entgangen und fuhren weiter auf der offenen See, bis sie zu einer Insel kamen, wo die guten Phäaken und ihr frommer König Alkinoos wohnten.

Neue Verfolgung der Kolcher

Hier waren sie aufs gastliche aufgenommen worden und wollten sich eben recht gütlich tun, als plötzlich an der Küste ein furchtbares Heer der Kolcher erschien, deren Flotte auf einem andern Wege bis hierher vorgedrungen war. Sie verlangten die Königstochter Medea, um sie in das väterliche Haus zurückzuführen, oder bedrohten die Griechen mit einer mörderischen Schlacht schon jetzt, und noch mehr, wenn Aietes selbst mit einem noch gewaltigeren Heere nachkommen würde. Ja, sie waren schon im Begriff, den Kampf zu beginnen, da gelang es dem weisen König Alkinoos noch, sie zurückzuhalten; er wünsche den Zwist ohne Blutvergießen zu lösen. Medea aber umfaßte die Knie seiner Gemahlin Arete: »Herrin, ich flehe dich an«, sprach sie, »laß mich nicht zu meinem Vater bringen; wenn du anders dem menschlichen Geschlechte angehörst, das allzumal durch leichten Irrtum in schnelles Unglück stürzt. So ist auch mir die Besonnenheit entschwunden. Doch nicht Leichtsinn, sondern nur entsetzliche Furcht hat mich zur Flucht mit diesem Manne bewogen. Als Jungfrau führt er mich in seine Heimat. Darum erbarme dich meiner, und die Götter mögen dir langes Leben und Kinder und deiner Stadt unsterbliche Zier gewähren.« Auch den einzelnen Helden warf sie sich flehend zu Füßen: ein jeder aber, den sie anrief, hieß sie guten Mutes sein, schüttelte die Lanze, zog sein Schwert und versprach, ihr beizustehen, wenn Alkinoos sie ausliefere wollte.

In der Nacht ratschlagte der König mit seiner Gemahlin über das kolchische Mädchen. Arete bat für sie und erzählte ihm, daß der große Held Iason sie zu seiner rechtmäßigen Gemahlin machen wolle. Alkinoos war ein sanfter Mann, und sein Gemüt wurde noch weicher, als er dieses hörte. »Gerne würde ich«, erwiderte er seiner Gemahlin, »die Kolcher den Helden und der Jungfrau zulieb auch mit den Waffen vertreiben, aber ich fürchte das Gastrecht des Zeus zu verletzen; auch ist es nicht klug, den mächtigen König Aietes zu reizen, denn so ferne er wohnt, wäre er doch imstande, Griechenland mit einem Kriege zu überziehen. Höre daher den Ratschlag, den ich gefaßt habe: Ist das Mädchen noch eine freie Jungfrau, so soll sie dem Vater zurückgegeben werden; ist sie aber des Helden Gemahlin, so werde ich sie dem Gatten nicht rauben, denn dann gehört sie diesem vor dem Vater.« Arete erschrak, als sie diesen Entschluß des Königes hörte. Noch in der Nacht sandte sie einen Herold zu Iason, der ihm alles hinterbrachte und ihm riet, sich noch vor Anbruch des Morgens mit Medea zu vermählen. Die Helden, welchen Iason den unerwarteten Vorschlag mitteilte, waren es alle zufrieden, und so wurde unter den Liedern des Orpheus, einer heiligen Grotte, die Jungfrau feierlich zur Gattin Iasons eingeweiht.

Am andern Morgen, als die Ufer der Insel und das tauige Feld von den ersten Sonnenstrahlen schimmerten, rührte sich alles Phäakenvolk auf den Straßen der Stadt; und am andern Ende der Ufer standen die Kolcher auch schon unter den Waffen. Alkinoos trat versprochenermaßen hervor aus seinem Palaste, das goldene Zepter in der Hand, zu richten über das Mädchen; hinter ihm gingen scharenweise die edelsten Phäaken einher; auch die Frauen waren zusammengekommen, um die

herrlichen Helden der Griechen zu schauen, und viele
Landleute hatten sich versammelt, denn Zeus hatte das
Gerücht weit und breit ausgestreut. So war alles vor den
Mauern der Stadt bereit, und die Opfer dampften zum Himmel
empor. Schon lange harrten hier die Helden der Entscheidung.
Als nun der König auf seinem Throne Platz genommen hatte,
trat Iason hervor und erklärte mit eidlicher Bekräftigung die
Königstochter Medea für seine rechtmäßige Gemahlin. Sobald
Alkinoos dieses hörte und Zeugen der Vermählung aufgetreten
waren, tat er mit einem feierlichen Schwure den Ausspruch,
daß Medea nicht ausgeliefert werden sollte, und schirmte seine
Gäste. Vergebens widersetzten sich die Kolcher; der König
hieß sie entweder als friedliche Gäste in seinem Lande wohnen
oder mit ihren Schiffen sich aus seinem Hafen entfernen. Sie
aber, die den Zorn ihres Landesherrn fürchteten, wenn sie
ohne seine Tochter zurückkehrten, wählten das erstere. Am
siebenten Tage brachen die Argonauten, ungern von Alkinoos
entlassen und herrlich beschenkt, zur Weiterfahrt auf.

Letzte Abenteuer der Helden

Wieder waren sie an mancherlei Ufern und Inseln vorübergesegelt, und schon erblickten sie in der Ferne die heimische Küste des Pelopslandes (Peloponnesos), als ein grausamer Nordstrom das Schiff erfaßte und mitten durchs Libysche Meer neun volle Tage und Nächte auf ungewissem Pfade dahinjagte. Endlich wurden sie an das Sandwüstenufer der afrikanischen Syrten verschlagen, in eine Bucht, deren Gewässer, mit dichtem Seegras und trägem Schaume bedeckt, wie ein Sumpf in starrer Ruhe brütete. Ringsum breiteten sich Sandflächen aus, auf denen kein Tier, kein Vogel sichtbar ward. Hier wurde das Schiff von der Flut so dicht aufs Gestade geschwemmt, daß der Kiel ganz auf dem Sande aufsaß. Mit Schrecken sprangen die Helden aus dem Fahrzeug, und mit Entsetzen erblickten sie den breiten Erdrücken, der sich, der Luft ähnlich, ohne Abwechslung ins Unendliche ausdehnte. Kein Wasserquell, kein Pfad, kein Hirtenhof zeigte sich. Alles ruhte in totem Schweigen. »Weh uns, wie heißt dieses Land? Wohin haben uns die Stürme verschlagen?« So fragten einander die Genossen. »Wären wir doch lieber mitten in die schwimmenden Felsen hineingefahren! Hätten wir lieber etwas gegen den Willen des Zeus unternommen und wären in einem großen Versuch untergegangen!« »Ja«, sagte der Steuermann Ankaios, »die Flut hat uns sitzenlassen und wird uns nicht wieder abholen. Alle Hoffnung der Fahrt und Heimkehr ist abgeschnitten; steure, wer da kann und will!« Damit ließ er das Steuerruder aus der Hand gleiten und setzte sich weinend im Schiffe nieder. Wie Männer in einer verpesteten Stadt untätig, Gespenstern gleich, dem Verderben entgegensehen, so trauerten die Helden, dem öden Ufer entlangschleichend. Als der Abend gekommen war, gaben sie einander traurig die Hände zum Abschiede, warfen sich, ohne Nahrung genommen zu haben, der eine da, der andere dort im Sande nieder und erwarteten, in ihre Mäntel gehüllt, eine schlaflose Nacht hindurch, den Tag und den Tod. Auf einer andern Seite seufzten die phäakischen Jungfrauen, welche Medea vom König Alkinoos zum Geschenke bekommen hatte, um ihre Herrin gedrängt; sie stöhnten wie sterbende Schwäne, ihren letzten Gesang in die Lüfte verhauchend; und gewiß wären sie alle, Männer und Frauen, untergegangen, ohne daß jemand sie betrauert hätte, wenn sich nicht die Beherrscherinnen Libyens, welche drei Halbgöttinnen waren, ihrer erbarmt hätten. Diese erschienen, mit Ziegenfellen vom Hals bis an die Knöchel bedeckt, um die heiße Mittagsstunde dem Iason und zogen ihm den Mantel, mit dem er sein Haupt bedeckt hatte, leise von den Schläfen. Erschrocken sprang er auf und wandte den Blick voll Ehrfurcht von den Göttinnen ab. »Unglücklicher«, sprachen sie, »wir kennen alle deine Mühsale. Aber traure nicht länger! Wenn die Meeresgöttin den Wagen des Poseidon losgeschirret hat, so zollet eurer Mutter Dank, die euch lang im Leibe getragen; dann möget ihr ins glückselige Griechenland zurückkehren.« Die Göttinnen verschwanden, und Iason erzählte seinen Genossen das tröstliche, doch rätselhafte Orakel. Während alle sich noch darüber staunend besannen, ereignete sich ein ebenso seltsames Wunderzeichen. Ein ungeheurer Hengst, dem von beiden Seiten goldne

Mähnen über den Nacken wollten, sprang vom Meer ans Land, schüttelte den Wasserschaum ab und stürmte davon wie mit Windesflügeln. Freudig erhub jetzt der Held Peleus seine Stimme und rief. »Die eine Hälfte des Rätselwortes ist erfüllt: die Meeresgöttin hat ihren Wagen abgeschirrt, den dieses Roß gezogen hat; die Mutter aber, die uns lang im Leibe getragen, das ist unser Schiff Argo; dem sollen wir jetzt den schuldigen Dank bezahlen. Laßt es uns auf unsere Schultern nehmen und über den Sand hintragen, den Spuren des Meerpferdes nach. Dieses wird ja nicht in den Boden schlüpfen, sondern uns den Weg zu irgendeinem Stapelplatze zeigen.« Gesagt, getan. Die Göttersöhne nahmen das Schiff auf ihre Schultern und seufzten zwölf Tage und zwölf Nächte wandernd unter der Last. Immer ging es über öde, wasserlose Sandflächen hin; hätte sie ein Gott nicht wunderbar gestärkt, sie wären, Männer und Frauen, am ersten Tage erlegen. So aber kamen sie endlich glücklich an die tritonische Meerbucht; hier ließen sie ihre Last von den Schultern gleiten und suchten, vom Durste gepeinigt wie wütende Hunde, nach einem Quell. Unterwegs begegnete der Sänger Orpheus den Hesperiden, den lieblich singenden Nymphen, welche auf dem heiligen Felde saßen, wo der Drache Ladon die goldenen Äpfel gehütet hatte. Diese flehte der Sänger an, den Schmachtenden eine Wasserquelle zu zeigen. Die Nymphen erbarmten sich, und die vornehmste unter ihnen, Aigle, fing an zu erzählen: »Gewiß ist der kühne Räuber, der gestern hier erschienen ist, dem Drachen das Leben und uns die goldenen Äpfel genommen hat, euch zum Heile gekommen, ihr Fremdlinge. Es war ein wilder Mann, seine Augen funkelten unter der zornigen Stirne; eine rohe Löwenhaut hing ihm über die Schultern, in der Hand trug er eine Keule von Olivenholz und die Pfeile, mit welchen er das Ungeheuer erlegt hat. Auch er kam durstig von der Sandwüste her; da er nirgends Wasser fand, stieß er mit seiner Ferse an einen Felsen. Wie von einem Zauberschlag entfloß diesem reichliches Wasser, und der schreckliche Mann legte sich bis an die Brust auf den Boden, stemmte sich mit beiden Händen an den Felsen und trank nach Herzenslust, bis er wie ein gesättigter Stier sich auf die Erde legte.« So sprach Aigle und zeigte ihnen den Felsquell, um den bald alle Helden sich drängten. Der erfrischende Trunk machte sie wieder fröhlich, und: »Wahrlich«, sprach einer, nachdem er die brennenden Lippen noch einmal genetzt, »auch getrennt von uns hat Herakles seine Genossen noch gerettet! Möchten wir ihm doch auf unserer ferneren Wanderung noch begegnen!« So machten sie sich auf, der eine da-, der andere dorthin, den Helden zu suchen. Als sie wieder zurückgekommen waren, glaubte ihn nur der scharfblickende Lynkeus von ferne gesehen zu haben, aber nur etwa so, wie ein Bauer den Neumond hinter Wolken erblickt zu haben meint, und er versicherte, daß niemand den Schweifenden erreichen werde. Endlich, nachdem sie durch unglückliche Zufälle zwei Genossen verloren und betrauert hatten, bestiegen sie das Schiff wieder. Lange suchten sie vergebens aus der tritonischen Bucht in die offene See zu gelangen; der Wind blies ihnen entgegen, und das Schiff kreuzte unruhig in dem Hafen hin und her wie eine Schlange, die vergebens aus ihrem Versteck hervorzudringen strebt und zischend mit funkelnden Augen ihr Haupt da- und dorthin kehrt. Auf den Rat des Sehers Orpheus stiegen sie daher noch einmal ans Land und weihten den einheimischen Göttern den größten Opferdreifuß, den sie im Schiffe besaßen und den sie am Gestade zurückließen. Auf dem Rückwege begegnete ihnen der Meeresgott Triton in Jünglingsgestalt. Er hub eine Erdscholle vom Boden auf und reichte sie als Zeichen der Gastfreundschaft dem Helden Euphemos, der sie in seinem

Busen barg. »Mich hat der Vater«, sprach der Meergott, »zum Beschirmer dieser Meeresgegend gesetzt. Sehet, dort, wo das Wasser in unbewegter Tiefe dunkelt, dort ist der schmale Ausweg aus der Bucht ins offene Meer: dorthin rudert; guten Wind will ich euch schicken. Dann seid ihr nicht mehr ferne von der Pelopsinsel!« Lustig stiegen sie ins Schiff; Triton nahm den Dreifuß auf die Schulter und verschwand damit in den Fluten. Nun kamen sie, nach einer Fahrt von wenigen Tagen, unangefochten nach der Felseninsel Karpathos und wollten von da nach dem herrlichen Eilande Kreta hinüberschiffen. Der Wächter dieser Insel war aber der schreckliche Riese Talos. Er war allein noch übrig aus dem ehernen Geschlechte der Menschen, welche einst Buchen entsprossen waren, und Zeus hatte ihn Europa als Schwellenhüter geschenkt, daß er dreimal des Tages mit seinen ehernen Füßen die Runde auf der Insel machen sollte. Dieser war am ganzen Leibe von Erz und deswegen unverwundlich, nur am einen Knöchel hatte er eine fleischerne Sehne und eine Ader, darin Blut floß. Wer diese Stelle wußte und sie treffen konnte, durfte gewiß sein, ihn zu töten; denn er war nicht unsterblich. Als die Helden auf die Insel zuruderten, stand er auf einer der äußersten Klippen mit seiner Wacht beschäftigt; sobald er ihrer ansichtig ward, bröckelte er Felsblöcke los und fing an, sie gegen das herannahende Schiff zu schleudern. Erschrocken ruderten die Argonauten rückwärts; sie hätten, obwohl aufs neue von Durst geplagt, das schöne Kreta auf der Seite gelassen, hätte sich nicht Medea erhoben und den Erschrockenen zugeredet: »Höret mich, Männer! Ich weiß, wie dieses Ungeheuer zu bändigen ist. Haltet das Schiff nur außerhalb der Steinwurfweite!« Dann hob sie die Falten ihres purpurnen Gewandes empor und bestieg die Schiffsgänge, über welche Iasons Hand sie hinleitete. Mit schauerlicher Zauberformel rief sie dreimal die lebenraubenden Parzen an, die schnellen Hunde der Unterwelt, die, durch die Lüfte schweifend, allenthalben nach den Lebendigen jagen. Hierauf verzauberte sie die Augenlider des ehernen Talos, daß sie sich schlossen, und ließ schwarze Traumbilder vor seine Seele treten. Betäubt stieß er - sich nach Steinblöcken bückend, um damit den Hafen zu verteidigen - den fleischernen Knöchel an eine spitze Felsenkante, daß das Blut wie flüssiges Blei aus der Wunde quoll. Wie eine halb angehaune Fichte der erste Windstoß erschüttert und sie endlich krachend in die Tiefe stürzt, so taumelte auch Talos noch eine kurze Zeit auf seinen Füßen und stürzte dann entseelt mit ungeheurem Schall in die Meerestiefe.

Jetzt konnten die Genossen ungefährdet landen und erholten sich auf dem gesegneten Eilande bis zum Morgen. Kaum über Kreta hinausgeschifft, erschreckte sie ein neues Abenteuer. Eine entsetzliche Nacht brach ein, die kein Strahl des Mondes, kein Stern erleuchtete; als wäre alle Finsternis aus dem Abgrunde losgelassen, so schwarz war die Luft; sie wußten nicht, ob sie auf dem Meere oder in den Fluten des Tartaros schifften. Mit aufgehobenen Händen flehte Iason zu Phöbos Apollo, sie aus diesem gräßlichen Dunkel zu befreien; Angsttränen stürzten ihm von den Wangen, und er versprach dem Gotte die herrlichsten Weihgeschenke. Dieser vernahm sein Flehen, er kam vom Olymp hernieder, sprang auf einen Meerfels, und den goldenen Bogen hoch in den Händen haltend, schoß er silberne Lichtpfeile über die Gegend hin. In dem plötzlichen Lichtglanze zeigte sich ihnen eine kleine Insel, auf welche sie zusteuerten und wo, vor Anker gelegt, sie die tröstliche Morgenröte erwarteten. Als sie wieder im heitersten Sonnenglanze auf der hohen See dahinfuhren, da gedachte der Held Euphemos eines nächtlichen Traumes. Ihm hatte gedeucht, die Erdscholle des Triton, die er an der Brust liegen hatte, tränke sich voll Milch, beginne sich zu beleben und gestalte sich zu einer lieben Jungfrau, die sprach: »Ich bin die Tochter des Triton und der Libya, vertraue mich den Töchtern des Nereus an, daß ich im Meere wohne bei Anaphe; dann werde ich wieder ans Sonnenlicht hervorkommen und deinen Enkeln bestimmt sein.« An diesen Traum erinnerte sich jetzt Euphemos, denn Anaphe hatte die Insel geheißen, bei der sie den Morgen erwartet hatten. Iason, dem der Held den Traum erzählte, verstand seinen Sinn alsbald: er riet dem Freunde, die Erdscholle, die er auf dem Herzen trug, in die See zu werfen. Dieser tat es, und siehe da, vor den Augen der Schiffenden erwuchs aus dem Meeresgrund eine blühende Insel mit fruchtbarem Rücken. Man nannte sie Kalliste, das heißt die Schönste, und Euphemos bevölkerte sie in der Folge mit seinen Kindern.

Dies war das letzte Wunder, das die Helden erlebten. Bald darauf nahm sie die Insel Ägina auf. Von dort der Heimat zusteurnd, lief ohne weiteren Unfall das Schiff Argo mit seinen Helden glücklich in den Hafen von Iolkos ein. Iason weihte das Schiff auf der korinthischen Meerenge dem Poseidon, und als es längst in Staub zerfallen war, glänzte es, in den Himmel erhoben, am südlichen Firmament als ein leuchtendes Gestirn.

Iasons Ende

Iason gelangte nicht zu dem Throne von Iolkos, um dessentwillen er die gefahrvolle Fahrt bestanden, Medea ihrem Vater geraubt und an ihrem Bruder Absyrtos einen schändlichen Mord begangen hatte. Er mußte das Königreich dem Sohne des Pelias, Akastos, überlassen und sich mit seiner jungen Gemahlin nach Korinth flüchten. Hier wohnte er zehn Jahre lang mit ihr, und sie gebar ihm drei Söhne. Die beiden ältesten waren Zwillinge und hießen Thessalos und Alkimenes; der dritte, Tisander, war viel jünger. Während jener Zeit war Medea nicht nur um ihrer Schönheit willen, sondern auch wegen ihres edlen Sinnes und ihrer übrigen Vorzüge von ihrem Gatten geliebt und geehrt. Als aber später die Zeit die Reize ihrer Gestalt allmählich vertilgte, wurde Iason von der Schönheit eines jungen Mädchens, der Tochter des Korintherkönigs Kreon, mit Namen Glauke, entzündet und betört. Ohne daß seine Gattin darum wußte, warb er um die Jungfrau, und nachdem der Vater eingewilligt und den Tag der Hochzeit bestimmt hatte, suchte er erst seine Gemahlin zu bewegen, daß sie freiwillig auf die Ehe verzichten sollte. Er versicherte sie auch, daß er die neue Heirat nicht schließen wolle, weil er ihrer Liebe überdrüssig sei, sondern aus Fürsorge für seine Kinder suche er in Verwandtschaft mit dem hohen Königshause zu treten. Aber Medea ward entrüstet über diesen Antrag und rief zürnend die Götter an, als Zeugen seiner

Schwüre. Iason achtete dies nicht und vermählte sich mit der Königstochter. Verzweifelnd irrte Medea in dem Palaste ihres Gatten umher. »Wehe mir«, rief sie, »möchte die Flamme des Himmels auf mein Haupt herniederzücken! Was soll ich länger leben? Möchte der Tod sich meiner erbarmen! O Vater, o Vaterstadt, die ich schimpflich verlassen habe! O Bruder, den ich gemordet und dessen Blut jetzt über mich kommt! Aber nicht an meinem Gatten Iason war es, mich zu strafen; für ihn habe ich gesündigt! Göttin der Gerechtigkeit, mögest du ihn und sein junges Kebsweib verderben!«

Noch jammerte sie so, als Kreon, Iasons neuer Schwiegervater, im Palaste ihr begegnete. »Du finster Blickende, auf deinen Gemahl Ergrimmte«, redete er sie an, »nimm deine Söhne an der Hand und verlaß mir mein Land auf der Stelle; ich werde nicht nach Hause kehren, ehe ich dich über meine Grenzen gejagt.« Medea, ihren Zorn unterdrückend, sprach mit gefaßter Stimme: »Warum fürchtest du ein Übel von mir, Kreon? Was hast du mir Böses getan, was warest du mir schuldig? Du hast deine Tochter dem Manne gegeben, der dir gefallen hat. Was ging ich dich an? Nur meinen Gatten hasse ich, der mir alles schuldig ist. Doch das ist geschehen; mögen sie als Gatten leben. Mich aber laßt in diesem Lande wohnen; denn obgleich ich tief gekränkt bin, so will ich doch schweigen und den Mächtigeren mich unterwerfen.« Aber Kreon sah ihr die Wut in den Augen an, er traute ihr nicht, obgleich sie seine Knie umschlang und ihn bei dem Namen der eigenen, ihr so verhaßten Tochter Glauke beschwor. »Geh«, erwiderte er, »und befreie mich von Sorgen!« Da bat sie nur um einen einzigen Tag Aufschub, um einen Weg zur Flucht und ein Asyl für ihre Kinder wählen zu können. »Meine Seele ist nicht tyrannisch«, sprach da der König; »schon viel törichte Nachgiebigkeit habe ich aus falscher Scheu geübt. Auch jetzt fühle ich, daß ich nicht weise handle; dennoch sei es dir gestattet, Weib.«

Als Medea die gewünschte Frist erhalten hatte, bemächtigte sich ihrer der Wahnsinn, und sie schritt zur Vollführung einer Tat, die ihr wohl bisher dunkel im Geiste vorgeschwebt, an deren Möglichkeit sie jedoch selbst nicht geglaubt hatte. Dennoch machte sie vorher einen letzten Versuch, ihren Gatten von seinem Unrecht und seinem Frevel zu überzeugen. Sie trat vor ihn und sprach zu ihm: »O du schlimmster aller Männer, du hast mich verraten, hast einen neuen Ehebund eingegangen, während du doch Kinder hast. Wärest du kinderlos, so wollte ich dir verzeihen; du hättest eine Ausrede. So bist du unentschuldbar; ich weiß nicht, meinst du, die Götter, die damals herrschten, als du mir Treue versprachest, regieren nicht mehr, oder es seien den Menschen neue Gesetze für ihre Handlungen gegeben worden, daß du glaubst, meineidig werden zu dürfen? Sage mir, ich will dich fragen, als wenn du mein Freund wärest: wohin rätst du mir zu gehen? Schickst du mich zurück in meines Vaters Haus, den ich verraten, dem ich den Sohn getötet habe, dir zulieb? Oder welche andere Zuflucht weißt du für mich? Fürwahr, es wird ein herrlicher Ruhm für dich, den Neuvermählten, sein, wenn deine erste Gattin mit deinen eigenen Söhnen in der Welt betteln geht!« Doch Iason war verhärtet. Er versprach ihr, sie und die Kinder, mit reichlichem Gelde und Briefen an seine Gastfreunde versehen, zu entlassen. Sie aber verschmähte alles: »Geh, vermähle dich«, sprach sie; »du wirst eine Hochzeit feiern, die dich schmerzen wird!« Als sie ihren Gemahl verlassen hatte, reuten sie die letzten Worte wieder, nicht, weil sie anderen Sinnes geworden war, sondern weil sie fürchtete, er möchte ihre Schritte beobachten und sie an der Ausübung ihres Frevels verhindern. Sie ließ daher um eine zweite Unterredung mit ihm bitten und sprach zu ihm mit veränderter Miene: »Iason, verzeih mir, was ich gesprochen; der blinde Zorn hat mich verführt, ich sehe jetzt ein, daß alles, was du getan hast, zu unserm eigenen Besten gereichen soll. Arm und verbannt sind wir hierhergekommen; du willst durch deine neue Heirat für dich, für deine Kinder, zuletzt auch für mich selbst sorgen. Wenn sie eine Weile ferne gewesen sind, wirst du deine Söhne zurückberufen, wirst sie teilnehmen lassen an dem Glücke der Geschwister, die sie erhalten sollen. Kommt herbei, kommt herbei, Kinder, umarmet euren Vater, versöhnet euch mit ihm, wie ich mich mit ihm versöhnet habe!« Iason glaubte an diese Sinnesänderung und war hocherfreut darüber, er versprach ihr und den Kindern das Beste; und Medea fing an, ihn noch sicherer zu machen. Sie bat ihn, die Kinder bei sich zu behalten und sie allein ziehen zu lassen. Damit die neue Gattin und ihr Vater dieses dulde, ließ sie aus ihrer Vorratskammer köstliche goldene Gewänder holen und reichte sie dem Iason als Brautgeschenk für die Königstochter. Nach einigem Bedenken ließ dieser sich überreden, und ein Diener ward abgesandt, die Gaben der Braut zu bringen. Aber diese köstlichen Kleider waren mit Zauberkraft getränkte giftige Gewande, und als Medea heuchlerischen Abschied von ihrem Gatten genommen hatte, harrte sie von Stunde zu Stunde des Boten, der ihr die Nachricht vom Empfang ihrer Geschenke bringen sollte. Dieser kam endlich und rief ihr entgegen: »Steig in dein Schiff, Medea, fliehe! fliehe! Deine Feindin und ihr Vater sind tot. Als deine Söhne mit ihrem Vater das Haus der Braut betraten, freuten wir Diener uns alle, daß die Zwietracht verschwunden und die Versöhnung vollkommen sei. Die junge Königin empfing deinen Gatten mit heiterem Blick; als sie aber die Kinder sah, bedeckte sie ihre Augen, wandte das Antlitz ab und verabscheute ihre Gegenwart. Doch Iason besänftigte ihren Zorn, sprach ein gutes Wort für dich und breitete die Geschenke vor ihr aus. Als sie die herrlichen Gewande sah, wurde ihr Herz von der Pracht gereizt, es wandte

sich, und sie versprach ihrem Bräutigam, in alles zu willigen. Als dein Gemahl mit den Söhnen sie verlassen hatte, griff sie mit Begierde nach dem Schmuck, legte den Goldmantel um, setzte den goldenen Kranz sich ins Haar und betrachtete sich vergnügt in einem hellen Spiegel. Dann durchwandelte sie die Gemächer und freute sich wie ein kindisches Mädchen ihrer Herrlichkeit. Bald aber wechselte das Schauspiel. Mit verwandelter Farbe, an allen Gliedern zitternd, wankte sie rückwärts, und bevor sie ihren Sitz erreicht hatte, stürzte sie auf den Boden nieder, erbleichte, begann die Augensterne zu verdrehen, und Schaum trat ihr über den Mund. Wehklagen ertönte in dem Palaste, die einen Diener eilten zu ihrem Vater, die andern zu ihrem künftigen Gatten. Inzwischen flammte der verzauberte Kranz auf ihrem Haupte in Feuer auf; Gift und Flamme zehrten an ihr um die Wette; und als ihr Vater jammernd herbeigestürzt kam, fand er nur noch den entstellten Leichnam der Tochter. Er warf sich in Verzweiflung auf sie; von dem Gifte des mörderischen Gewandes ergriffen, hat auch er sein Leben geendet. Von Iason weiß ich nichts.«
Die Erzählung dieser Greuel, statt die Wut Medeas zu dämpfen, entflammte sie vielmehr; und ganz zur Furie der Rachsucht geworden, rannte sie fort, ihrem Gatten und sich selbst den tödlichsten Schlag zu versetzen. Sie eilte nach der Kammer, wo ihre Söhne schliefen; denn die Nacht war herbeigekommen. »Waffne dich, mein Herz«, sprach sie unterwegs zu sich selber, »was zögerst du, das Gräßliche und Notwendige zu vollbringen? Vergiß, Unglückliche, daß es deine Kinder sind, daß du sie geboren hast. Nur diese eine Stunde vergiß es! Nachher beweine sie dein ganzes Leben lang. Du tust ihnen selbst einen Dienst. Tötest du sie nicht, so sterben sie von einer feindseligen Hand.«

Als Iason in sein Haus geflogen kam, die Mörderin seiner jungen Braut aufzusuchen und sie seiner Rache zu opfern, scholl ihm das Jammergeschrei seiner Kinder entgegen, die unter dem Mordstahl bluteten; er trat in die aufgestoßene Kammer und fand seine Söhne wie Schuldopfer hingewürgt; Medea aber war nicht zu erblicken. Als er in Verzweiflung sein Haus verließ, hörte er in der Luft ein Geräusch über seinem Haupte. Emporschauend ward er hier die fürchterliche Mörderin gewahr, wie sie auf einem mit Drachen bespannten Wagen, den ihre Kunst herbeigezaubert hatte, durch die Lüfte davonfuhr und den Schauplatz ihrer Rache verließ. Iason hatte die Hoffnung verloren, sie für ihren Frevel zu strafen; die Verzweiflung kam über ihn, der Mord des Absyrtos wachte wieder auf in seiner Seele; er stürzte sich in sein Schwert und fiel auf der Schwelle seines Hauses.

Der Autor Gustav Schwab

Gustav Benjamin Schwab kam am 19. Juni 1792 in Stuttgart zur Welt. Seine Eltern waren der Geheime Hofrat Johann Christoph Schwab, der zeitweise als Professor an der Hohen Karlsschule wirkte, und dessen Ehefrau Friederike, die Tochter eines angesehenen Stuttgarter Kaufmanns. Gustav besuchte das Stuttgarter Gymnasium und studierte ab 1809 als Stipendiat des Evangelischen Stifts in Tübingen an der Eberhard-Karls-Universität zunächst Philologie und Philosophie sowie später Theologie.

Ab Dezember 1817 war er Professor für alte Sprachen am so genannten oberen Gymnasium in Stuttgart. Einige Monate später heiratete er Sophie Gmelin, die Tochter eines Juraprofessors. Von 1825 bis 1845 arbeitete er an den bei „F. A. Brockhaus Leipzig" erscheinenden „Blättern für literarische Unterhaltung" mit. Anfang 1928 trat in die Redaktion des Verlages von Johann Friedrich Cotta ein, der das „Morgenblatt für gebildete Stände" herausgab. In dieser Funktion förderte er viele Autoren.

1837 übernahm Gustav Schwab das Pfarramt in dem Dorf Gomaringen am Fuß der Schwäbischen Alb. Seine Lieblingsbeschäftigungen waren das Lehren und Predigen. Während seiner Zeit in Gomaringen trug er von 1838 bis 1840 die großen Epen der Antike aus Originaltexten zusammen, übersetzte sie ins Deutsche und verfasste die „Sagen des klassischen Altertums". Das Zweite Buch des Ersten Teils trug den Titel „Die Argonautensage".

Schwab wird der „Schwäbischen Dichterschule" zugerechnet. Sein Gedicht „Der Reiter und der Bodensee" gilt als eines der bekannteren deutschen Gedichte.

1841 erhielt Schwab das Stadtpfarramt von St. Leonhard in Stuttgart. 1842 wurde er Dekan und 1845 Oberkonsistorialrat der höheren Schulen in Württemberg. Die Universität Tübingen ernannte ihn 1847 zum Ehrendoktor der Theologie.

Am 4. November 1850 starb Gustav Schwab im Alter von 58 Jahren in Stuttgart. Sein Grab befindet sich auf dem Stuttgarter Hoppenlaufriedhof, wo auch Wilhelm Hauff seine letzte Ruhe fand. Sein Geburtshaus in der Stuttgarter Königsstraße 51 ist zerstört. In der baden-württembegischen Landeshauptstadt erinnern die Schwabstraße, eine Büste und ein Gedenkstein an ihn.